产业转型与经济结构升级研究

叶文香　陈文亮　符茂正　著

中国商业出版社

图书在版编目(CIP)数据

产业转型与经济结构升级研究 / 叶文香，陈文亮，符茂正著. -- 北京 : 中国商业出版社，2024. 11.
ISBN 978-7-5208-3232-8

Ⅰ. F264

中国国家版本馆 CIP 数据核字第 2024DG9394 号

责任编辑:朱丽丽

中国商业出版社出版发行
(www.zgsycb.com　100053　北京广安门内报国寺 1 号)
总编室:010－63180647　编辑室:010－63033100
发行部:010－83120835/8286
新华书店经销
北京虎彩文化传播有限公司印刷
*
787 毫米×1092 毫米　16 开　8.25 印张　146 千字
2024 年 11 月第 1 版　2024 年 11 月第 1 次印刷
定价:45.00 元
* * * *
(如有印装质量问题可更换)

前　言

随着科技的日新月异、市场需求的不断变化以及国际竞争的日益激烈，传统产业模式日益面临严峻的挑战。过去依赖资源消耗、低附加值生产的发展路径已难以持续，必须寻求新的突破和转变。产业转型不仅意味着产业自身的变革与重塑，更是对经济结构的深层次调整。经济结构升级是实现经济可持续发展的关键。通过推动产业从劳动密集型向技术密集型、知识密集型转变，能够提升资源利用效率，增强经济发展的创新能力和竞争力。这不仅有助于提高经济效益，还能创造更多高质量的就业机会，改善民生福祉。同时，产业转型与经济结构升级对于应对环境压力和资源约束也具有重大意义。它对发展绿色产业、循环经济具有促进作用，还能减少对环境的负面影响，实现经济增长与环境保护的平衡。

本书首先梳理了产业转型与经济结构升级的理论基础，其次分析了产业转型的动力机制和经济结构升级的策略，再次阐述了产业转型与经济结构升级的保障措施，最后探索了产业转型与经济结构升级的可持续发展。希望通过本书的介绍，能够为读者在产业转型与经济结构升级研究方面提供帮助。

在写作过程中，笔者参阅了相关文献资料，在此，谨向其作者深表谢忱。

由于笔者水平有限，疏漏和缺点在所难免，希望广大读者批评指正，并衷心希望同行不吝赐教。

著　者

2024 年 10 月

目　录

第一章 产业转型与经济结构升级的理论基础

第一节 传统经济增长理论与产业结构演变

一、经典经济增长模型

（一）哈罗德-多马增长模型

哈罗德-多马增长模型是经济增长理论的重要基石之一，它从资本积累和储蓄的角度解释了经济增长的动力机制。该模型由英国经济学家哈罗德和美国经济学家多马提出，因此也被称为哈罗德-多马增长模型。

哈罗德-多马增长模型的核心假设是经济增长取决于资本积累，而资本积累又取决于储蓄。该模型认为，经济增长率等于储蓄率除以资本产出比率。其中，储蓄率反映了一个国家将收入转化为投资的能力，资本产出比率则反映了投资的效率。依据该模型可知，当储蓄率提高或资本产出比率降低时，经济增长率就会提高。

哈罗德-多马增长模型还引入了一个重要概念——保证增长率。它是指在充分就业条件下，保持经济稳定所需要的最低经济增长率。根据模型，实际经济增长率如果低于保证增长率，就会导致生产能力过剩和失业上升；反之，如果实际经济增长率高于保证增长率，就会出现通货膨胀。因此，保证增长率的概念为政府制定宏观调控政策提供了重要参考。

尽管哈罗德-多马增长模型对经济增长理论的发展作出了开创性贡献，但它也存在一些局限性。首先，该模型过于简化，忽视了技术进步等其他增长因素的作用。其次，它假设储蓄率和资本产出比率是外生给定的，而实际上这两个变量都会受到经济体系中诸多因素的影响。最后，该模型没有考虑经济增长的周期性波动，因而不能很好地解释现实中的经济周期现象。

尽管如此，但哈罗德-多马增长模型为后世的经济增长理论奠定了基础。它简洁而又直观地揭示了资本积累在经济增长中的关键作用，为政府制定促进增长和就业的宏观经济政策提供了重要启示。在哈罗德-多马增长模型的基础上，后续的经济学家不断修正和完善经济增长理论，提出了更为丰富、全面的分析框架，如索洛经济增长模型、内生经济增长模型等。

（二）索洛经济增长模型

索洛经济增长模型是20世纪50年代由美国经济学家罗伯特·索洛提出的一种新古典经济增长理论。该模型以哈罗德—多马模型为基础，深入探讨了资本积累、技术进步与经济增长之间的关系，极大地丰富和发展了现代经济增长理论。

索洛经济增长模型的核心观点是，长期经济增长取决于外生的技术进步。在模型中，索洛将影响经济增长的因素分为资本、劳动力和技术三个方面。其中，资本和劳动力属于内生变量，它们的增长受到储蓄率、人口增长率等因素的影响；技术则被视为外生变量，代表了全要素生产率的提高，反映了知识、管理水平等方面的进步。

通过对生产函数的设定和推导，索洛证明，在资本存量较低时，资本积累是推动经济增长的主要动力。但随着资本存量不断增加，资本的边际报酬递减，经济增长会逐渐放缓，直至达到一个稳态水平。此时，经济增长的动力主要来自技术进步。只有通过持续的技术创新，提高生产效率，才能实现经济的长期增长。

索洛经济增长模型的一个重要启示是，单纯依靠资本积累无法实现经济的可持续增长。许多发展中国家在工业化初期，往往把有限的资源集中于资本形成，忽视了技术进步和人力资本投资的重要性。这种增长模式虽然在短期内能够实现较高的经济增速，但由于缺乏内生经济增长动力，难以维系长期发展。与之相对，一些发达国家则更加重视技术创新和人力资本积累。通过加大科研投入，完善教育体系，培养高素质人才，这些国家实现了全要素生产率的持续提升，保持了经济增长的活力。在新一轮科技革命和产业变革的背景下，创新驱动发展已经成为推动经济增长的关键所在。

需要指出的是，索洛经济增长模型作为一个高度抽象的理论模型，也存在一定的局限性。首先，该模型未能很好地解释技术进步的内在机制，而是将其视为外生变量。这使得模型难以反映现实经济中技术创新与经济增长的动态互动关系。其次，模型假设各国的技术水平相同，忽略了后发国家通过技术引进和追赶实现跨越式发展的可能性。

（三）内生经济增长模型

内生经济增长模型作为新古典经济增长理论的重要发展，为经济增长和产业结构演变提供了新的解释视角。与索洛经济增长模型强调外生技术进步不同，内生经济增长模型将技术进步内生化，认为人力资本投资、研发活动等内在因素是推动经济增长的关键。这一理论突破了传统增长理论的局限，为理解现代经济增长规律提供了重要启示。

内生经济增长模型的核心在于，它强调了知识、技术等无形资本在经济增长中的重要作用。与物质资本不同，知识和技术具有较强的外部性和非竞争性，其应用不会导致边际报酬递减，反而能够促使规模报酬递增。因此，通过加大对人力资本和研发创新的投入，经济体可以实现内生的、持续的增长。这一理论有力地解释了发达国家在产业结构高级化进程中保持较高增长率的现象。

内生经济增长模型还揭示了人力资本在产业结构演进中的重要功能。高素质人力资本不仅是新知识、新技术的创造者，也是先进生产要素的载体。人力资本存量的不断提升，推动了产业结构从劳动密集型向技术密集型、知识密集型升级。发达国家正是依靠人力资本优势，引领了全球产业分工格局的变革。中国要实现经济结构转型和增长方式转变，同样离不开人力资本这一战略性资源。

内生经济增长模型还强调了制度环境对经济增长的影响。良好的制度安排，如知识产权保护、要素市场化配置等，能够激发经济主体投资新知识、应用新技术的内生动力，从而实现创新驱动的可持续增长。中国正处于经济转型的关键期，必须加快构建与高质量发展相适应的体制机制，为发挥内生经济增长的潜力提供制度保障。

内生经济增长模型虽然强调了技术进步内生化，但并不否认外部因素的重要性。开放条件下，后发国家可以通过引进、学习、吸收国外先进技术，实现后发优势和跨越式发展。事实上，中国经济奇迹的创造，既得益于改革开放激发的内生经济增长动力，也得益于全球化带来的国际先进技术溢出。新时期推动高质量发展，既要注重激发内生动力，也要主动融入全球创新网络，更好地利用国内国际两个市场、两种资源。

需要指出的是，内生经济增长模型并非意味着对人力资本、研发投入的片面追求。实现创新驱动发展，还必须处理好政府和市场的关系，发挥市场配置资源的决定性作用，更好地发挥政府作用。同时，还要统筹协调经济增长与社会公平、资源环境等多重目标，在注重发展动力的同时，着力破解发展不平衡、不充分问题，实现经济社会的全面进步。

二、产业结构演变的历史路径

（一）农业社会向工业社会转变

农业社会向工业社会的转变是人类历史发展进程中的重大转折点。这一转变不仅深刻改变了人类的生产生活方式，也极大地推动了社会生产力的发展和科学技术的进步。在农业社会，人们主要依靠土地和简单的农具进行农业生产，生产力水平较低，社会发展缓慢。而工业社会的到来，标志着机器大工业的兴起和资本主义生产方式的确立，生产力得到空前解放，社会经济实现了飞跃式发展。

从生产方式的变革来看，农业社会向工业社会的转变体现在三个方面。首先是生产工具的变革。农业社会主要使用犁、锄等简单农具进行生产，而工业社会则广泛采用各种机器设备，大大提高了生产效率。其次是生产组织形式的变革。农业社会以家庭为基本生产单位，生产组织松散；工业社会则出现了工厂这一新型生产组织形式，生产组织高度集中。最后是劳动分工的变革。农业社会劳动分工简单，以男耕女织为主要特征；工业社会则出现了复杂的社会分工，专业化分工不断细化。

从经济结构的演变来看，农业社会向工业社会的转变表现为第二产业的崛起。在农业社会，第一产业占据主导地位，农业在国民经济中的比重很高。而在工业社会，第二产业迅速发展，成为国民经济的主导产业。同时，城市化进程加快，城市人口比重不断上升，城乡差距逐渐拉大。产业结构的变迁引发了社会阶层结构的重组，一方面，农民阶层分化，大量农民失去土地成为自由劳动者；另一方面，资产阶级和工人阶级成为工业社会的两大基本阶级。

从科学技术的进步来看，农业社会向工业社会的转变与工业革命密切相关。18 世纪中后期英国率先完成工业革命，成为世界上第一个工业化国家。工业革命以蒸汽机的发明和广泛应用为标志，改变了人类的生产方式和生活状态。此后，各种科学技术成果不断涌现，如内燃机、发电机、电话等，极大地推动了生产力的发展。科学技术的进步不仅为工业化奠定了物质基础，也深刻影响了人们的思维方式和价值观念。

从社会形态的嬗变来看，农业社会向工业社会的转变引发了一系列深刻变革。政治上，君主专制走向民主共和，议会民主制度逐渐确立。经济上，自然经济让位于商品经济，市场在资源配置中发挥决定性作用。文化上，世俗文化繁荣发展，启蒙运动和人文主义思潮兴起。生活上，人们摆脱了土地的束缚，城市生活方式逐渐成为主流。这些变革共同构成了现代社会的基本特征。

（二）工业社会向服务社会转变

工业革命的兴起标志着人类社会进入工业文明时代，传统的农业社会逐步向工业社会转变。这一转变不仅深刻影响了社会经济结构，也引发了人们生活方式的巨大变革。在工业化进程中，机器被大规模应用于生产领域，手工劳动逐渐被机器取代，劳动生产率得到空前提升。与此同时，工厂制度的建立，使得生产组织方式发生根本性变化，分工协作、流水作业成为工业生产的显著特征。

伴随工业化的推进，人口从农村大量涌入城市，城市化水平不断提高。传统的农耕文明逐步让位于工业文明，人们的生活重心从土地转移到工厂，职业结构也随之发生深刻变化。机器生产代替手工劳动成为主流，工人阶级应运而生，逐渐成长为社会的中坚力量。城市化进程加快，人口高度集中，大都市崛起，现代城市文明初具雏形。与农业社会相比，工业社会的生活节奏明显加快，物质财富极大丰富，人们的物质生活水平显著提升。

然而，工业化也带来一系列社会问题。例如，机器生产的广泛应用，导致手工业者大量失业，贫富分化加剧。又如，资本主义工业文明以牺牲工人阶级利益为代价，工人阶级处于被剥削、被压迫的地位，阶级矛盾日益尖锐。工业化还引发了严重的环境污染问题，工厂排放的废水、废气和废渣对自然环境造成了巨大破坏，生态失衡，环境恶化，严重威胁人类健康。

（三）信息社会的兴起

信息社会的兴起标志着人类文明进入了一个全新的发展阶段。随着计算机、互联网等现代信息技术的迅猛发展和广泛应用，信息已经渗透社会生活的各个领域，深刻改变着人们的生产方式、生活方式和思维方式。信息成为推动经济增长和社会进步的重要驱动力，信息资源也日益成为各国争相竞逐的战略资源。在这一背景下，信息产业迅速崛起，成为带动传统产业转型升级、促进经济结构调整的新兴支柱产业。

信息社会最显著的特征之一就是信息技术的普及应用。计算机、互联网、移动通信等现代信息技术不断创新发展，加速了信息的生产、传播和利用。大数据、云计算、人工智能等新兴技术的兴起，更是极大地提升了信息处理和分析能力，为经济社会发展提供了新的增长点。与此同时，信息技术的应用也带来了信息爆炸、信息安全等一系列新问题和新挑战，对政府治理能力和社会管理水平提出了更高要求。

信息社会的发展还带来了经济形态和就业结构的深刻变革。数字经济蓬勃发展，电子商务、共享经济等新业态、新模式不断涌现，重塑了产业分工和价值链条。知识密集型服务业迅速崛起，成为吸纳就业和创造财富的重要领域。与此同时，传统的制造业、农业等部门的生产方式也在信息技术的带动下加速转型升级，向自动化、智能化、服务化方向发展。这些变化不仅促进了经济增长方式的转变，也为劳动者提供了更加多元化的就业选择和发展机会。

信息社会的到来还深刻影响着社会结构和人际关系。网络成为人们获取信息、交流互动的主要渠道，改变了传统的社会交往方式。虚拟社区、社交媒体等新型社交平台的出现，拓展了人际交往的时空边界，重塑了社会关系网络。然而，信息技术的广泛应用也可能加剧数字鸿沟，导致不同群体在获取和利用信息方面的差距，进而影响社会公平正义。因此，如何消除数字鸿沟、促进信息资源的普惠共享，成为信息社会发展过程中亟待解决的重大课题。

三、经济增长与产业结构的互动关系

（一）经济增长对产业结构的推动

经济增长是推动产业结构演变的重要驱动力。在经济发展过程中，生产力水平的提高和科技进步的实现，为产业结构的优化升级提供了物质基础和技术支撑。随着经济增长，社会财富不断积累，人均收入水平显著提升，居民消费需求日益多样化、个性化，进而推动产业结构朝着高级化、精细化方向演进。与此同时，经济增长也为产业结构调整创造了有利条件，政府可以利用日益充裕的财政资源，加大对战略性新兴产业、高技术产业的扶持力度，引导社会资本流向，推动传统产业的改造升级，不断优化资源配置效率。

具体而言，经济增长主要通过以下机制推动产业结构的演变：一是收入效应。经济增长带来居民收入水平的提高，从而导致消费结构的升级，推动第三产业的发展壮大。马斯洛需求层次理论指出，随着收入增加，人们的需求会从基本的生理需求和安全需求，逐步转向社交需求、尊重需求和自我实现需求。这意味着，居民将更多收入用于教育培训、医疗保健、文化娱乐等服务消费，服务业在国民经济中的比重将不断上升。二是技术进步效应。经济增长为技术创新提供了雄厚的物质基础，新技术的广泛应用则推动了生产效率的提升和产业结构的优化。一方面，新技术的应用可以极大地提高生产效率，降低生产成本，使得有限的生产要素能够创造出更大的经济价值；另一方面，新技术往往催生新的产业，如信息技术的发展带动了电子商务、云计算、大数据等新兴产业的崛起。三是比较优势效应。随着经济的发展，一国在要素禀赋结构、技术水平等方面的比较优势也会发生变化，产业结构随之调整。例如，发展中国家在早期工业化阶段往往利用劳动力资源丰富的比较优势大力发展劳动密集型产业，而随着资本和技术的积累，逐步向资本密集型和技术密集型产业转变。

值得注意的是，经济增长与产业结构演变之间存在着双向互动关系。一方面，经济增长推动了产业结构的优化升级；另一方面，产业结构的调整又为经济增长注入了新的动力。产业结构的高级化、合理化，有利于充分发挥各类生产要素的效用，提高全要素生产率，提高经济发展的质量和效益。同时，战略性新兴产业的培育发展，不仅能够创造新的经济增长点，还能带动相关产业的技术进步和产业升级，形成新的经济增长极。因此，准确地把握经济增长与产业结构演变的互动规律，对于推动经济社会持续健康发展至关重要。

（二）产业结构对经济增长的反馈

产业结构变迁是经济发展过程中一个不可回避的现实，它反映了生产力水平的提高和社会分工的深化。经济增长的过程，本质上就是产业结构不断优化升级的过程。产业结构的变化，一方面推动了经济增长方式的转变，另一方面也反作用于经济增长的质量和速度。

产业结构的变迁对经济增长具有重要影响。首先，产业结构的高级化有助于提升经济增长的质量。随着经济社会的进步，人们对产品和服务的需求日益多样化、个性化，这就要求产业结构向着更加复杂、更具技术和知识含量的方向演进。高附加值、高技术含量产业的比重上升，意味着经济增长将更多地依靠科技进步和全要素生产率的提高，经济增长的动力将从传统的要素投入驱动转向创新驱动。这种经济增长方式的转变，有利于实现可持续发展和高质量发展。

其次，产业结构的合理化有助于充分发挥各产业部门的比较优势，实现资源的优化配置。不同产业部门在要素禀赋、技术水平、市场需求等方面都存在差异，因此其在国民经济中的地位和作用也各不相同。产业结构的合理化，意味着第一产业、第二产业、第三产业的比例关系与一国当前发展水平相适应，各产业部门能够发挥自身优势，实现错位发展、协调发展。这种基于比较优势的分工与合作，能够最大限度地发挥各种生产要素的潜力，提高资源配置效率，从而为经济增长提供强大动力。

最后，产业结构的协调性有助于增强经济发展的稳定性和韧性。产业部门之间存在着紧密的投入产出关系，上下游产业链的衔接状况直接关系到整个国民经济运行的稳定性。当某个关键产业部门出现波动时，就可能通过产业关联效应影响到其他部门，进而引发系统性风险。而产业结构的协调性，意味着产业链条运转顺畅，上下游配套完善，能够有效地防范和化解外部冲击带来的风险，增强经济发展的抗干扰能力和可持续性。

（三）产业结构调整的经济效应

产业结构的调整是推动经济增长的重要动力。它通过优化资源配置，促进产业升级，提高经济效率，为经济发展注入新的活力。一个国家或地区的产业结构反映了其经济发展的阶段性特征，体现了生产要素在各产业部门之间的分配状况。当一国的产业结构与其资源禀赋、技术水平、市场需求相适应时，经济增长就能实现良性循环，资源配置效率得以提升。反之，如果产业结构与经济发展水平不匹配，就会导致资源错配，阻碍经济增长。

产业结构调整对经济增长的影响主要体现在以下方面。首先，产业结构的优化有助于实现资源的合理配置。通过市场机制和政府引导，将有限的资源投入效益更高、发展潜力更大的产业，能够提高资源利用效率，避免低水平重复建设和过度竞争。其次，产业结构升级能够促进技术进步和创新驱动。传统产业通过技术改造实现转型升级，新兴产业依托科技创新实现跨越式发展，高新技术产业引领产业结构向高端化、智能化、绿色化方向演进。这一过程不仅提升了产业竞争力，也为经济增长提供了新的动能。最后，产业结构调整有利于培育新的经济增长点。在总需求不足、传统产业增长乏力的情况下，大力发展战略性新兴产业、现代服务业等，能够创造新的就业机会，扩大消费需求，为经济增长开辟新的空间。

此外，产业结构调整还能够促进区域经济协调发展。不同地区由于资源禀赋、发展基础、区位条件等存在差异，在产业发展上各具比较优势。通过合理的产业布局和分工协作，发挥各地区的比较优势，形成优势互补、错位发展的产业格局，能够缩小地区间发展差距，实现区域经济的协调发展。同时，产业结构调整还有助于实现经济增长方式的转变。传统的粗放型增长模式依靠大量投入廉价劳动力和自然资源，难以持续。而通过产业结构调整，推动经济增长从要素驱动向创新驱动转变，从粗放型增长向集约型增长转变，能够走出一条质量更高、效益更好、结构更优的发展道路。

第二节　新经济增长理论与创新驱动

一、知识经济与创新驱动的关系

（一）知识经济的定义

知识经济是建立在知识的生产、分配和使用上的经济形态，它以知识为核心要素，通过知识的创新、传播和应用来推动经济增长和社会进步。在知识经济时代，知识已经成为最重要的生产要素和财富源泉，谁能够掌握和运用先进的知识，谁就能在激烈的市场竞争中立于不败之地。

知识经济的兴起标志着人类社会进入了一个全新的发展阶段。与传统的农业经济和工业经济不同，知识经济更加强调人力资本的价值，注重知识的创新和应用。在知识经济时代，企业的核心竞争力不再局限于土地、劳动力、资本等有形资源，而是拓展到了无形的知识资产上。拥有先进技术、专利、商标等知识产权的企业往往能够获得更大的市场份额和利润空间。同时，知识经济也对劳动者提出了更高的要求，只有不断地学习新知识、掌握新技能，才能适应日新月异的职场环境，提升自身的就业竞争力。

知识经济的一个显著特征是创新驱动。在知识经济时代，创新已经成为引领经济社会发展的第一动力。与传统的要素驱动型经济不同，创新驱动型经济更加注重知识的原创性和颠覆性，强调通过技术创新、模式创新、管理创新等手段来实现经济增长方式的转变和发展动力的转换。在这一背景下，国家和地区纷纷制定创新驱动发展战略，加大对科技创新的投入力度，营造良好的创新生态环境，推动形成大众创业、万众创新的生动局面。

（二）创新驱动的内涵

创新驱动是经济发展模式转变的重要引擎，其内涵在于通过科技创新、制度创新和管理创新等多维度的系统性变革，激发全社会创新活力，推动经济高质量发展。

1. 科技创新

从科技创新的角度来看，创新驱动要求我国着眼于科学前沿，聚焦关键核心技术，加强基础研究和应用基础研究，突破“卡脖子”难题，掌握发展主动权。这就需要充分发挥企业、高校、科研院所等创新主体的积极性，构建政产学研深度融合的创新网络，形成协同攻关、联合研发的强大合力。同时，还要注重创新成果的转化应用，畅通科技与经济的双向通道，加快新技术、新产品、新业态的培育和发展，不断催生新的经济增长点。

2. 制度创新

制度创新是激发创新活力的关键所在。创新驱动需要与之相适应的体制机制作为保障，这就要求我国深化科技体制改革，破除制约创新的思想障碍和机制藩篱，营造鼓励创新、宽容失败的制度环境。一方面，要完善创新激励机制，健全科技成果产权制度，落实好科研人员职务科技成果所有权或长期使用权，调动科研人员的创新积极性。另一方面，要强化科技金融结合，拓宽创新投融资渠道，加大对创新活动的资金支持力度。与此同时，还要加强知识产权保护，严厉打击侵权行为，维护创新者的合法权益。

3. 管理创新

管理创新是提升创新效率的重要保障。创新驱动要求管理者转变管理理念，优化资源配置，提高创新管理水平。这就需要树立战略思维和全局观念，科学制定创新规划和政策，在政府宏观指导下，发挥市场在资源配置中的决定性作用。要建立健全创新绩效评价体系，突出质量导向和贡献导向，引导创新资源向优质项目、优秀人才集聚。同时，也要注重创新生态的优化，加强创新文化建设，营造崇尚创新、鼓励创造的社会氛围。此外，面对创新全球化趋势，还要积极参与全球创新网络，加强创新资源的国际交流合作，提升我国在全球创新版图中的地位和影响力。

二、技术创新与经济增长的互动机制

（一）技术创新的类型

技术创新是推动经济增长和社会进步的重要引擎。随着科学技术的飞速发展，各类创新层出不穷，呈现出多样化、多层次的特点。从创新的对象和内容来看，技术创新可以分为产品创新、工艺创新等类型。

产品创新是指开发全新的产品或者对现有产品进行改进，以满足市场需求，提升产品性能和竞争力。产品创新通常建立在前沿科技成果基础之上，融合了多学科知识，体现了较高的技术含量和创新价值。以智能手机的发展为例，从最初的通信工具到如今集娱乐、社交、办公等多功能于一体的智能终端，其中蕴含了大量的创新性设计和前沿技术，如触控屏幕、语音助手、人工智能等，极大地改变了人们的生活方式。可以说，没有持续不断的产品创新，就不会有智能手机行业的蓬勃发展和消费升级。

工艺创新侧重于生产制造过程的改进和优化。通过引入新技术、新设备、新材料，工艺创新能够提高生产效率，降低成本，改善产品质量，推动产业升级。以3D打印技术为代表的增材制造就是一项颠覆性的工艺创新。有别于传统的减材制造和等材制造，3D打印通过材料的逐层堆积，可以快速、灵活地制造出结构复杂、个性化的产品。这不仅大幅缩短了产品开发周期，降低了试错成本，更为定制化生产、小批量制造提供了可能，带来了制造模式的升级。随着3D打印技术的不断进步和应用拓展，其在航空航天、生物医疗、文化创意等领域的应用价值日益凸显，将引领未来制造业的发展方向。

（二）经济增长的影响因素

经济增长是一个复杂而多维的过程，受到诸多因素的影响。从宏观层面来看，资本积累、技术进步、劳动力数量和质量等是推动经济增长的关键要素。资本积累为经济增长提供了物质基础，它通过扩大再生产规模，优化产业结构，提高资源配置效率等方式促进经济发展。技术进步则是通过创新驱动，提高全要素生产率，引领产业升级，从而实现经济增长方式的根本转变。劳动力数量的增加为经济增长注入了新的活力，但从长远来看，提高劳动者素质，增强人力资本才是实现可持续发展的根本出路。

从微观层面来看，制度环境、市场机制、企业行为等因素对经济增长也都具有重要影响。良好的制度环境有利于激发市场主体的积极性和创造性，为经济增长营造良好的软环境。健全的市场机制能够优化资源配置，提高经济运行效率，推动经济持续增长。而企业作为微观经济的基本单位，其经营状况、创新能力、社会责任等都与经济增长息息相关。企业通过技术创新、管理创新、商业模式创新等方式，不断提升核心竞争力，推动行业进步，为经济增长注入新的动力。

从动力机制来看，需求拉动和供给推动是影响经济增长的两大引擎。扩大内需，增强消费对经济增长的拉动作用，是许多国家实现经济平稳运行的重要手段。供给侧结构性改革则旨在通过优化要素配置，改善供给结构，提高供给体系质量和效率，为经济增长提供长期动力。事实上，需求管理和供给管理相辅相成，共同构成了宏观经济调控的基本框架。

从外部环境来看，国际经济形势、地缘政治格局、全球化进程等因素对一国经济增长也会产生显著影响。经济全球化加速了生产要素在全球范围内的优化配置，促进了国际分工和产业转移，为参与国创造了巨大的发展机遇。但同时，国际市场的波动、保护主义的抬头、地缘政治的风险等又给经济增长带来诸多不确定性。因此，准确研判国际形势，有效应对外部风险，是实现经济平稳健康发展的重要前提。

三、创新驱动的组织与管理

（一）创新文化的培育

创新文化的培育是组织推动创新驱动发展战略的重要基础。它涉及组织文化、价值观念、行为方式等多个层面，需要组织上下共同努力，久久为功。

真正构建起良性的创新文化，首先，要从领导层做起，树立创新意识，鼓励创新行为。领导者应以身作则，大胆尝试新思路、新方法，用实际行动影响和带动全体员工投身创新实践。同时，领导者还要善于发现和培养创新人才，为其搭建施展才华的平台，使创新成为组织发展的原动力。

其次，组织要营造宽松、包容的创新氛围。这就要求组织能够包容失败，鼓励员工大胆尝试、勇于探索。对于创新过程中遇到的困难和挫折，组织应给予理解和支持，而不是简单的否定和批评。员工只有感受到组织的鼓励和信任，才能放下思想包袱，全身心地投入创新活动。与此同时，组织还应完善相应的制度机制，如建立创新奖励基金、设立创新成果奖等，以激发员工的创新热情。

再次，创新文化的培育离不开全员参与。每个员工都应增强创新意识，将创新渗透到工作的方方面面。无论是一线员工还是管理人员，都要立足本职，发现问题，探索解决问题的新思路、新方法。组织可以通过开展头脑风暴、创新大赛等活动，调动员工的积极性和创造性，使创新蔚然成风。同时，员工之间还要加强交流与合作，互相启发，优势互补，协同攻关，共同推进组织的创新进程。

最后，创新文化的培育需要与时俱进，紧跟时代步伐。在瞬息万变的市场环境中，组织唯有保持创新的敏锐嗅觉，快速洞察顾客需求和行业趋势，不断推陈出新，才能立于不败之地。因此，组织必须时刻关注外部环境变化，学习借鉴先进发展理念和方法，优化完善创新机制，使创新始终成为引领组织发展的第一动力。唯有如此，才能真正将创新文化内化为组织的核心竞争力，推动组织实现可持续发展。

（二）创新团队的构建

创新团队的构建是组织变革趋势下推动创新驱动发展的关键举措。在知识经济时代，创新已然成为引领经济增长的核心引擎。然而，创新并非个人的独角戏，而是需要多学科、跨领域的人才携手合作，方能不断突破技术瓶颈，创造出引领未来的崭新成果。因此，组建一支富有创新精神、勇于开拓进取的高素质团队，已成为各类组织机构发展的重中之重。

高水平创新团队的构建离不开系统科学的顶层设计。团队的规模、结构、专业配比等都需要根据创新目标和任务需求进行精心组织。一般而言，创新团队应由不同专业背景、不同技能特长的成员组成，既要有专业知识扎实的中坚力量，又要有思维活跃、敢于创新的生力军。同时，还应根据创新活动的不同阶段，动态调整团队的人员组成，保证各环节无缝衔接、高效运转。

创新团队的建设需要营造良好的制度环境和文化氛围。一方面，组织应完善科研管理制度，在项目立项、经费投入、绩效考核等方面为创新团队提供有力保障，激发团队的创新热情和动力。另一方面，要大力弘扬创新文化，鼓励团队成员敢于质疑、勇于探索，包容失败、包容差异，让创新成为团队的共同追求和价值理念。

创新团队的管理需要因材施策，激发个体潜能。不同的团队成员在年龄阶段、知识结构、性格特点等方面存在差异，对于管理方式也有不同接受度。管理者应充分了解和尊重成员的个性特点，针对性地采取管理措施。对于经验丰富的成员，可以给予更多自主权，让其在创新实践中大展拳脚；而对于新入职的青年才俊，则需要悉心指导，帮助其尽快成长。

第三节　产业生命周期理论与转型升级时机

一、各阶段的特征与挑战

（一）导入期特征与挑战

产业生命周期导入期是指新产品或服务首次进入市场，开始被消费者接受和认知的阶段。这一时期的主要特征表现为市场规模小、销售额低、利润微薄，企业面临较大的不确定性和风险。由于产品尚未被广泛认可，消费者对其价值认知不足，市场需求较为有限。企业在这一阶段的首要任务是积极开拓市场，提高产品知名度，培育潜在客户群体。

从供给侧来看，导入期的产品通常具有较高的技术含量和创新性，代表了行业发展的新方向。企业需要投入大量的人力、物力和财力进行研发、生产和营销，前期成本投入较大。同时，生产规模较小，难以发挥规模效应，单位成本居高不下。这就要求企业在产品品质和性能上具有明显优势，以差异化策略吸引消费者，获取溢价。

从需求侧来看，导入期的市场需求弹性较大，消费者对价格较为敏感。企业需要通过合理的定价策略，在保证利润空间的同时，不断扩大市场份额，争取实现规模化生产。同时，有效的营销推广手段也至关重要。企业可以通过广告宣传、公关活动、体验营销等方式，加深消费者对产品的了解和认同，激发其购买欲望。

在竞争格局方面，导入期通常是行业的“蓝海”阶段，市场空白较大，竞争对手较少。先发优势明显，抢占市场先机的企业能够较快地建立品牌影响力，赢得消费者信赖。但同时，由于行业标准尚未建立，市场秩序有待规范，企业面临一定的政策风险和不确定性。

（二）成长期特征与挑战

成长期是产业生命周期中颇为关键的阶段之一，它决定了产业能否成功完成从导入期到成熟期的跨越。在这一阶段，产业的市场需求快速增长，产品技术日渐成熟，生产规模不断扩大，市场竞争日益激烈。企业要想在成长期立于不败之地，必须准确地把握产业发展规律，及时调整经营策略，不断提升自身竞争力。

从市场需求来看，成长期的一个显著特点就是需求快速增长。随着产品逐步被市场接受，越来越多的消费者开始购买和使用，市场规模迅速扩大。这为企业提供了广阔的发展空间，但同时也对其生产能力和供应链管理提出了更高要求。企业必须通过扩大生产规模、优化生产流程等措施，满足日益增长的市场需求，巩固自身的市场地位。

从技术发展来看，成长期的产品技术已经相对成熟，基本功能和性能都能满足消费者的需求。但这并不意味着技术创新的停滞。相反，激烈的市场竞争会倒逼企业加大研发投入，不断改进产品性能，开发新的功能，以满足消费者日益多样化、个性化的需求。那些能够紧跟技术发展趋势，持续推出创新产品的企业，往往能够在竞争中脱颖而出，赢得更大的市场份额。

从市场竞争来看，成长期是竞争最为激烈的阶段。随着越来越多的企业进入市场，同质化竞争日益加剧，价格战、广告战频繁上演。这给企业的生存和发展带来了严峻挑战。要想在竞争中立于不败之地，企业必须树立鲜明的品牌形象，提供差异化的产品和服务，建立稳固的客户关系。同时，企业还要注重成本控制和效率提升，通过规模经济效应和精益生产等手段，降低生产成本，提高产品性价比，增强市场竞争力。

（三）成熟期特征与挑战

在产业生命周期的成熟期，产业已经形成了相对稳定的市场结构和竞争格局。这一阶段，产业规模不断扩大，市场需求趋于饱和，产品同质化现象日益严重。为了在激烈的市场竞争中立于不败之地，企业必须在技术创新、管理优化、成本控制等方面下功夫，不断提升自身的核心竞争力。

从技术创新的角度来看，成熟期的产业往往已经积累了丰富的技术经验和人才资源。企业应该充分利用这一优势，加大研发投入，开发出性能更优、功能更强的新产品，以满足消费者日益多元化、个性化的需求。同时，企业还应该注重工艺改进和流程优化，通过精益生产、自动化升级等手段，提高生产效率，降低生产成本。只有不断推陈出新，企业才能在市场竞争中保持优势地位。

从管理优化的角度来看，成熟期的企业规模不断扩张，组织结构日益复杂，对管理质量提出了更高要求。企业应该借鉴先进的管理理念和方法，建立起科学、高效的管理体系。一方面，要加强战略管理，准确把握市场动向，及时调整发展战略和经营策略；另一方面，要强化运营管理，优化资源配置，提高资产运营效率。只有实现管理升级，企业才能在规模化发展中保持组织的活力和竞争力。

从成本控制的角度来看，成熟期的市场竞争日趋白热化，产品价格不断走低，利润空间日益压缩。在这种情况下，成本控制就成为企业生存和发展的关键。企业应该全面开展成本管理，从产品设计、原材料采购、生产制造、物流配送等环节入手，消除浪费，杜绝低效，把成本控制渗透到经营管理的各个领域。同时，还要注重财务管理，加强预算控制，提高资金使用效率，为企业持续发展提供坚实的财务保障。

（四）衰退期特征与挑战

当产业发展进入衰退期，其面临的挑战和困境日益严峻。产业的市场需求持续萎缩，产品同质化现象严重，竞争加剧导致利润空间被不断压缩。与此同时，产业的技术创新动力减弱，难以带动产业的复苏和挖掘新的增长点。这些特征反映了衰退期产业所处的困境，也预示着产业转型升级的迫切需要。

深入分析衰退期产业的特征，有助于企业把握其演进规律，进而采取针对性措施推动产业转型。首先，需求萎缩是衰退期的典型特征。由于产品的生命周期已近尾声，消费者的偏好发生转移，市场对产品的需求逐步减少，导致产业规模持续收缩。衰退期的需求萎缩往往呈现出不可逆转的趋势，企业难以通过常规的营销手段扭转颓势。其次，同质化竞争加剧了衰退期产业的生存压力。当产业发展到成熟阶段，企业间的技术差距逐渐缩小，产品同质化程度不断提高。进入衰退期后，产品创新乏力，企业难以凭借差异化的产品取得竞争优势，价格战等恶性竞争屡见不鲜，行业整体利润水平下降。最后，衰退期产业的创新动力严重不足。一方面，基于现有技术路线的渐进式创新难以为产业注入新的活力；另一方面，企业受制于利润空间压缩，研发投入动力不足，影响了新技术的突破和应用。创新乏力最终导致产业难以实现自我革新，加速走向衰落。

二、转型升级的关键时机选择

（一）导入期转型策略

导入期转型的核心在于把握技术创新带来的市场机遇，推动产业结构优化升级。导入期的企业往往面临着技术不成熟、市场需求不明确等问题，在不确定性中寻找突破口，成为决定企业命运的关键。在这一阶段，企业需要保持敏锐的市场洞察力，密切关注新兴技术发展动向，捕捉潜在的应用场景和市场需求。同时，企业还应加大研发投入，集中优势资源攻克核心技术难题，掌握关键的自主知识产权，为后续发展奠定坚实基础。

从产业转型升级的角度看，导入期转型要着眼于未来产业发展方向，前瞻性地布局战略性新兴产业。一方面，企业要紧跟国家战略规划，抢抓政策机遇，积极参与到战略性新兴产业的培育中。另一方面，企业要立足自身禀赋，发挥比较优势，选择契合自身特点和发展方向的细分领域，打造差异化竞争力。在布局新兴产业的同时，传统产业的转型升级也不容忽视。对于处于导入期的传统产业，关键是要以技术创新为驱动，加快新旧动能转换，实现高质量发展。

推动导入期转型还需要营造良好的创新创业生态。政府要完善政策支持体系，在财税、金融、人才等方面给予利好政策，降低创新创业门槛。同时，要加强知识产权保护，严厉打击侵权行为，维护创新者的合法权益。产学研用各方要加强合作，搭建协同创新平台，促进科技成果转化应用。

（二）成长期转型策略

产业成长期是企业发展的重要阶段，其特点是产品技术日益成熟，市场需求快速增长，竞争日趋激烈。在这一阶段，企业面临着如何巩固市场地位、扩大生产规模、提高经营效益等一系列挑战。为了实现可持续发展，企业必须适时调整发展战略，推动产业转型升级。

1．创新驱动

企业要积极开展技术创新，加大研发投入，推动产品升级换代。同时，企业还要注重管理创新，优化组织结构，完善内部管理流程，提高运营效率。

2. 产业链延伸

企业要立足自身优势，向产业链上下游延伸，实现产业链一体化发展。通过延伸产业链，企业可以拓展业务范围，提高市场竞争力。例如，一些制造业企业通过向原材料领域延伸，建立起稳定的原材料供应体系，降低了生产成本，提高了产品质量。又如，一些企业通过向销售和服务领域延伸，为客户提供全方位的解决方案，提升客户黏性和品牌影响力。

3. 市场细分

随着市场竞争的加剧，企业难以在整个市场中保持优势地位。这时，企业可以采取市场细分策略，聚焦特定的细分市场，提供差异化的产品和服务。通过深耕细分市场，企业可以更好地满足目标客户的需求，建立起稳固的市场地位。例如，在汽车行业，一些企业专注于生产高端豪华车型，另一些企业则致力于开发经济实用型轿车，通过差异化定位，各自在细分市场中取得了成功。

4. 品牌建设

强大的品牌是企业的无形资产，也是市场竞争的法宝。在产业成长期，企业要高度重视品牌建设，通过提升产品质量、优化客户服务、加强品牌宣传等措施，塑造良好的品牌形象。品牌效应可以为企业带来溢价，提高产品附加值，增强客户忠实度。许多知名企业之所以能够在激烈的市场竞争中脱颖而出，品牌优势功不可没。

5. 人才培养

人才是第一资源，也是企业发展的根本动力。产业成长期对人才的需求日益增加，企业要建立完善的人才培养机制，加强人才队伍建设。通过引进高端人才，完善人才培养体系，营造良好的用人环境，企业可以不断增强自主创新能力，提升核心竞争力。同时，企业还要重视员工培训，提高员工素质和技能水平，激发员工的工作热情和创造力。

（三）成熟期转型策略

在产业生命周期成熟期，企业面临的主要挑战是市场趋于饱和，需求增长放缓，竞争日益激烈。这一阶段，产业呈现出规模化、集中化的特点，技术创新步伐放缓，产品同质化现象严重。为了应对这些挑战，实现转型升级，企业需要在战略上及时作出调整。

首先，企业应该重新审视市场需求，深入挖掘细分市场的潜力。通过差异化战略，针对不同细分市场开发出满足其特定需求的产品和服务，从而在激烈的市场竞争中脱颖而出。这就要求企业加强市场调研和用户需求分析，精准把握目标客户群的特点和偏好，并据此优化产品设计和营销策略。

其次，在成熟期，企业还应该着力提升运营效率，控制成本，以价格优势巩固市场地位。这就需要企业在生产、采购、物流等环节合理引入自动化、智能化技术，优化业务流程，提高资源利用率。同时，企业还可以通过并购、重组等方式，整合上下游资源，发挥规模经济效应，增强成本控制能力。

再次，面对成熟期创新动力不足的问题，企业应加大研发投入，重视技术创新和管理创新。一方面，企业可以通过与高校、科研机构合作，引进高端人才，掌握前沿技术，开发出具有竞争力的新产品。另一方面，企业还应该积极推行管理变革，优化组织结构，完善激励机制，激发员工的创新热情和工作积极性。

最后，在产业成熟期，企业还应该积极推进国际化战略，开拓海外市场。通过参与全球产业分工，整合全球资源，企业可以突破国内市场的增长瓶颈，寻找新的利润增长点。这就要求企业加强国际市场研究，完善海外营销网络，提升跨文化经营能力，以更加开放、包容的姿态融入全球产业体系。

（四）衰退期转型策略

在产业衰退期，面对市场萎缩、利润下滑的困境，企业往往难以为继。这一时期，转型升级已成为企业突破发展瓶颈、实现可持续发展的必由之路。然而，转型升级绝非易事，需要企业审时度势，科学决策，精准发力。

产业衰退期的转型升级，首先需要企业重新审视自身定位，明确发展方向。这就要求企业立足市场需求，深入分析产业发展趋势，找准自身优势与不足，在此基础上确立转型目标。例如，面对市场饱和、需求萎缩的局面，企业可以考虑向高附加值、差异化的产品或服务领域转型，以期开拓新的市场空间；又如，在传统优势产业日渐式微的情况下，企业可以借助新技术、新模式，实现产业链的延伸和价值链的提升，由此焕发新的生机与活力。无论选择何种转型路径，关键都在于准确把握市场脉搏，找准企业自身的比较优势。

在明确转型方向后，企业还需要科学制定转型策略，合理配置资源。在这一过程中，企业要充分考虑自身的资源禀赋和能力基础，既要立足当下，又要着眼未来。一方面，企业要聚焦核心业务，集中优势资源，打造竞争力。另一方面，企业也要预留足够的资源和空间，用于孵化新的业务增长点。同时，企业还要重视人才队伍建设，加强与外部机构的合作，为转型发展提供智力支撑和创新动力。可以说，科学的资源配置是保障转型成功的关键。

精准有效的政策扶持也是推动企业转型升级的重要保障。一方面，政府要加大对企业转型的资金、技术支持力度，为企业转型创造良好的外部环境。另一方面，政府也要完善相关法律法规，健全市场监管机制，维护公平竞争的市场秩序。特别是在产业衰退期，政府更要主动作为，加强政策引导，助力企业渡过难关。例如，政府可以通过税收优惠、专项补贴等方式，鼓励企业加大研发投入，推动技术创新；又如，政府可以搭建公共服务平台，为企业转型提供信息咨询、人才培训等支持，帮助企业提升转型能力。总之，精准有效的政策扶持能为企业转型升级提供强大助力。

此外，企业还要重视转型过程中的风险管控。转型升级往往伴随巨大的不确定性，企业面临着市场、技术、管理等多重风险。为了确保转型的平稳推进，企业必须建立完善的风险预警和应对机制。一方面，企业要加强对内外部环境的监测和分析，及时发现潜在风险因素。另一方面，企业也要制定周密的应急预案，提高风险应对能力。同时，企业还要注重转型过程中的阶段性管控，根据转型进展动态调整策略，确保转型工作稳步推进。唯有如此，企业才能最大限度地规避转型风险。

第二章　产业转型的动力机制

第一节　技术进步与创新的推动

一、技术进步对产业结构的影响

（一）产业结构优化

技术进步是现代经济增长和社会发展的重要驱动力。它通过优化资源配置、提高生产效率，促进产业结构的升级和经济增长方式的转变，从而推动经济社会的持续进步。具体而言，技术进步对产业结构优化主要体现在以下几个方面。

1. 促进产业内部结构的优化

在某个特定产业中，新技术的应用能够提高生产效率，降低生产成本，改善产品质量，从而使该产业内部的资源配置更加合理、产业链条更加完善。以制造业为例，新一代信息技术与制造技术的深度融合，正在推动制造业向智能化、服务化、绿色化方向发展。大数据、云计算、人工智能等技术的应用，使得制造业的研发设计、生产制造、营销服务等环节更加智能高效，产品的个性化定制和柔性化生产成为可能。这一过程实质上就是制造业内部结构的优化和升级，也是技术进步驱动产业发展的典型体现。

2. 推动产业结构的优化

不同产业的技术进步速度和程度存在差异，技术水平较高的产业往往具有更强的竞争力和更大的发展潜力。因此，在技术进步的推动下，资本、劳动力等生产要素会不断地从技术水平较低的产业流向技术水平较高的产业，从而实现产业间结构的优化调整。以我国改革开放以来的产业结构变迁为例，第一产业的比重持续下降，第二、第三产业的比重不断上升，这一过程的背后就是技术进步的推动作用。新技术在工业和服务业的广泛应用，提高了这两大产业的生产效率和附加值水平，吸引了大量的资本和劳动力流入，从而促进了产业结构的优化升级。

3. 催生新兴产业的发展

随着科学技术的不断进步，一些全新的产业部门应运而生，成为经济社会发展的新动能。这些新兴产业不仅自身具有广阔的发展前景，而且能够带动相关产业的发展，形成新的经济增长点。当前，以新一代信息技术、生物技术、新能源、新材料为代表的高新技术产业正在蓬勃发展，成为引领未来经济社会发展的战略性新兴产业。这些产业的快速成长，一方面得益于技术创新提供的强大支撑，另一方面也为传统产业的改造升级提供了重要机遇，有力地推动了产业结构的优化调整。

4. 促进区域产业结构的优化

由于资源禀赋、发展基础等方面的差异，不同地区的产业结构往往存在较大差异。而技术进步可以突破资源环境的制约，促进区域间产业分工和经济联系的加强，推动区域经济的协调发展。例如，互联网技术的普及应用，使得许多欠发达地区能够借助电子商务平台，实现产品的线上销售和服务外包，突破了区位劣势，实现产业结构的优化升级。同时，一些发达地区通过大力发展高新技术产业，加快传统产业的技术改造，也实现了本地产业结构的持续优化，促进区域经济实力不断增强。

（二）产业链延伸

技术进步为产业链的延伸提供了强大动力，推动产业结构朝着高端化、智能化方向演进。一方面，新技术的出现和应用使得产业链条不断向上下游拓展，衍生出新的产业环节和业态。以信息技术为例，互联网、大数据、人工智能等技术的广泛渗透，催生了电子商务、云计算、智能制造等新兴产业，极大地扩展了传统产业链的范围和边界。另一方面，技术进步也为产业链内部的分工协作和优化重组提供了可能。数字化、网络化技术的应用，使得企业间能够实现信息共享、资源整合，促进产业链上下游企业间的紧密协同，提升产业链整体效率和竞争力。

技术创新引领产业链向高附加值环节延伸，是实现产业迈向中高端的关键。通过技术创新，企业能够突破原有工艺水平的限制，开发出更加先进、高端的产品，提升产品科技含量和附加值。同时，技术创新也为企业进入产业价值链的高端环节创造了条件。在全球产业分工体系中，研发设计、品牌营销等环节通常占据产业利润的大部分份额。而掌握核心技术，就意味着在这些高附加值环节拥有了话语权，从而推动产业结构向“微笑曲线”两端攀升。以我国电子信息产业为例，经过多年的技术积累和创新，我国企业已经在芯片设计、智能终端等高端环节崭露头角，逐步摆脱了低端组装、代工的角色定位。

产学研协同创新是推动技术进步、延伸产业链条的重要路径。高校师生、科研人员是基础研究和应用基础研究的主力军，其科研成果是产业技术进步的源头活水。企业则立足市场需求，推动科技成果产业化，在技术创新中发挥主体作用。通过产学研紧密合作，高校、科研院所的前沿科技成果能够与企业的生产实践紧密结合，加速科技成果向现实生产力的转化，为产业链延伸注入源源不断的创新动力。例如，在新材料领域，产学研联合攻关取得了一系列突破性进展，研发出石墨烯、纳米材料等一批具有自主知识产权的关键材料，打破了国外的技术垄断，推动相关产业链不断地向下游延伸，形成了完整的新材料产业生态。

制度创新为技术驱动的产业链延伸提供了必要保障。良好的制度环境，能够激励创新主体加大研发投入，保护创新成果，营造公平竞争的市场秩序。例如，知识产权保护制度的健全，能够保障创新者的合法权益，提高创新的积极性和主动性。减税降费、完善金融服务等普惠性政策，则有助于降低创新创业的门槛和成本，激发市场主体的创新潜能。此外，产业政策的引导和支持，在产业链延伸中也发挥着关键作用。通过制定产业发展规划、搭建公共服务平台、营造产业创新生态等举措，政府可以引导资源要素向优势产业和关键环节集聚，推动产业链不断做强做优。

（三）新兴产业的崛起

技术进步和创新为新兴产业的崛起提供了强大动力。在新一轮科技革命和产业变革的浪潮中，一批代表未来发展方向的新兴产业正在加速成长，成为引领经济高质量发展的重要力量。这些新兴产业以创新驱动为核心，以新技术、新业态、新模式为特征，涵盖了信息技术、生物医药、新能源、新材料等多个领域。

从技术基础来看，新兴产业的发展离不开前沿科技的支撑。近年来，人工智能、大数据、云计算、区块链等新一代信息技术日新月异，为智能制造、电子商务、共享经济等新业态提供了坚实基础。生物技术的突破也推动了生物医药、基因工程等产业的迅速发展。新能源技术的进步则催生了光伏、风电、氢能等清洁能源产业。先进材料的研发则为高端装备制造、航空航天等行业插上了腾飞的翅膀。正是依托这些颠覆性技术，一大批新兴产业蓬勃发展，展现出勃勃生机。

从发展路径来看，新兴产业的崛起往往伴随产业链的重构和生态圈的形成。一方面，新技术的应用打破了原有产业边界，催生出一系列跨界融合的新业态。例如，互联网与传统产业的深度融合，催生了在线教育、互联网医疗、智慧交通等新模式。另一方面，新兴产业的发展离不开完整的产业生态。龙头企业、配套企业、服务机构等多元主体紧密协作，共同构建起资金、技术、人才、数据等要素的良性循环，形成了互利共生、协同发展的产业生态圈。

从竞争格局来看，新兴产业往往呈现出差异化、个性化的特点。与传统产业不同，新兴产业更加注重满足消费者的个性化需求，强调产品和服务的差异化竞争。在这一背景下，中小企业凭借灵活的机制和敏捷的响应，在细分市场占据了一席之地。那些敢于创新、善于创新的领军企业，则通过持续的技术迭代和商业模式创新，引领着行业发展的方向。可以预见，随着新兴产业的不断成熟，市场格局将更加多元，竞争生态将更加健康。

二、创新驱动的机制与路径

（一）企业创新能力

企业创新能力是推动产业转型升级的关键驱动力。在知识经济时代，企业面临着日益激烈的市场竞争和不断变化的技术环境，唯有不断提升自身的创新能力，才能在动荡的市场中立于不败之地。企业创新能力主要体现在技术创新、管理创新和商业模式创新三个方面。

技术创新是企业创新的核心，它决定了企业的核心竞争力。企业要紧跟技术前沿，加大研发投入，建立完善的技术创新体系。这需要企业高度重视基础研究，鼓励原始创新，同时加强应用研究和试验发展，加快科技成果向现实生产力的转化。华为等科技企业之所以能够在全球市场上占据重要地位，就在于其持续不断地进行技术创新，在5G、人工智能等前沿领域取得了突破性进展。

管理创新是提升企业运营效率、优化资源配置的重要手段。随着企业规模的扩大和业务的复杂化，传统的管理模式已难以适应新的发展需求。企业需要借鉴现代管理理论，结合自身实际，创新管理制度和方法。例如，通过扁平化管理减少管理层级，提高决策效率；又如，运用大数据技术优化业务流程，提升管理的科学性；再如，实施绩效考核和激励机制，调动员工的工作积极性。通过管理创新，企业能够实现降本增效，提高市场响应速度，增强发展韧性。

商业模式创新是企业适应市场变化、开拓新兴领域的利器。传统的商业模式受到互联网等新技术的冲击，已难以维系企业的可持续发展。企业需要主动拥抱变革，探索新的商业模式。例如，借助互联网平台开展线上销售，拓展市场空间；发展共享经济，盘活闲置资源；实施服务化战略，提供个性化、定制化的服务。商业模式的创新能够帮助企业抢占市场先机，培育新的利润增长点，实现转型发展。

（二）产学研合作

产学研合作是高校、企业和研究机构基于互利共赢原则，整合各自优势资源，共同开展人才培养、科学研究、成果转化等活动的重要方式。它不仅是应对知识经济时代挑战、提升自主创新能力的客观需要，更是深化高等教育改革、实现产教融合发展的必然要求。在创新驱动发展战略背景下，深入推进产学研合作，对于加快建设创新型国家，培养高素质创新人才具有重要意义。

从人才培养角度来看，产学研合作是培养高素质创新人才的有效途径。传统的人才培养模式往往存在重理论、轻实践，与社会需求脱节等问题，难以适应新时代经济社会发展对人才的要求。产学研合作则为人才培养提供了一个开放、多元的平台。通过与企业联合开展人才培养项目，高校可以及时把握产业发展动向，根据岗位需求优化专业设置和课程体系，强化学生实践能力和创新精神的培养。同时，学生在参与企业实际项目的过程中，能够将所学知识与生产实践相结合，提升分析解决问题的能力，增强就业竞争力。这种“产学研用”相结合的人才培养模式，有利于缩短人才培养与企业需求之间的差距，为经济社会发展输送更多高素质应用型人才。

从科学研究角度来看，产学研合作是提升自主创新能力的重要抓手。当前，全球科技创新呈现出多学科交叉融合、创新链条复杂化等新特点，单一主体已难以应对日益激烈的国际竞争。产学研合作为科研院所、高校和企业搭建起紧密合作的桥梁，使其能够发挥各自在基础研究、应用开发、成果转化等环节的比较优势，形成优势互补、资源共享的协同创新局面。高校与科研院所可以根据企业实际需求，开展以市场为导向的应用研究，提高科研成果的转化效率与价值。企业则可以借助高校和科研机构的智力资源优势，吸收消化各类前沿技术，加快关键核心技术的攻关突破，提升技术创新能力。产学研深度融合，有利于打通创新链、产业链、资金链，加速科技成果向现实生产力转化，为经济高质量发展注入新动能。

从资源配置角度来看，产学研合作是优化创新资源配置的有效方式。在创新活动中，人才、资金、信息、技术、设备等创新资源是影响创新绩效的关键因素。然而，这些资源在高校、科研院所和企业之间分布不均，单一主体往往难以集聚足够的创新资源。产学研合作为各创新主体提供了整合资源的平台，使其能够实现资源的优势互补和合理配置。例如，高校和科研院所拥有丰富的人才资源和前沿技术信息，企业则拥有充足的研发资金和先进的仪器设备。又如，通过共建联合实验室、研发中心等形式，创新主体可以实现人才、设备、资金等资源的共建共享，降低创新成本，提高创新效率。产学研协同创新，不仅有利于解决资源分散、重复建设等问题，更有助于实现创新资源的优化配置，撬动社会资源投入，营造良好的创新生态。

三、技术扩散与产业升级

（一）技术扩散模式

技术扩散是推动产业升级和经济结构转型的重要动力。随着新一轮科技革命和产业变革的深入推进，新技术、新产品、新业态不断涌现，技术创新成果加速向现实生产力转化。然而，技术创新成果能否真正转化为产业发展的动能，很大程度上取决于技术扩散的广度和深度。

纵观产业发展历程，技术扩散呈现出由点到面、由浅入深的演进态势。一般而言，一项新技术在诞生之初，通常只在少数领域或企业中得到应用。这些先行者通过技术创新，在市场竞争中抢得先机，取得了超额利润。随着技术创新成果的示范效应不断显现，越来越多的企业开始效仿先行者，引进、消化、吸收新技术，并进行再创新。于是，新技术开始在同行业内部扩散，形成“点状分布”的技术扩散格局。随着扩散范围的不断扩大，带动了配套产业的发展，上下游企业纷纷调整生产工艺和流程，适应新技术的应用需求。新技术由点及面地渗透到各个产业部门，引发了产业结构的深刻变革。可以说，正是通过由浅入深、由低级到高级的扩散过程，新技术最终成为引领产业变革的“火车头”。

从微观层面看，技术扩散主要通过模仿学习和溢出效应两种机制实现。一方面，后发企业可以通过对标杆企业的模仿学习，掌握新技术的应用方法和实现路径，降低技术创新的成本和风险。这种“换道超车”策略，使得技术后发企业能够在较短时间内实现新技术的应用，加速产业升级进程。另一方面，新技术的应用会产生显著的溢出效应。掌握新技术的企业在与上下游企业合作过程中，往往会有意无意地将技术秘密和应用经验传递给合作伙伴，带动产业链上的中小企业“借力发力”，实现技术的再创新。此外，科技人才的流动也是技术扩散的重要途径。掌握关键技术的科研人员在企业间的自由流动，客观上加速了新技术在行业内的传播，催生出更多技术创新的“接力者”。

从宏观层面看，技术扩散受到市场需求、制度环境、文化理念等多重因素的影响。首先，旺盛的市场需求是推动技术扩散的根本动力。只有市场对新技术及其衍生产品存在持续、稳定的需求，企业才有动力引进新技术，加大研发投入，推动新技术不断改进完善。其次，包容审慎的制度环境是技术扩散的“助推器”。政府部门应完善知识产权保护制度，为新技术应用创造公平竞争的市场环境；同时，要加强产业政策引导，鼓励金融机构加大对新技术产业化项目的支持力度，为新技术扩散“筑巢引凤”。最后，开放创新的文化理念是技术扩散的“催化剂”。只有形成崇尚创新、鼓励创造的社会氛围，营造“人人皆可创新、处处皆能创新”的文化土壤，才能充分调动全社会的创新积极性，加速新技术的扩散和应用。

（二）技术扩散的障碍

技术扩散是推动产业升级的重要动力，但在实践中往往面临着诸多障碍。这些障碍既有来自技术本身的，也有来自企业、市场和制度环境的，它们共同制约着新技术在产业中的传播和应用。深入分析这些障碍的成因，探索化解之策，对于加快技术扩散步伐，促进产业转型升级具有重要意义。

从技术自身来看，其复杂性、专用性和不确定性往往成为阻碍扩散的重要因素。许多前沿技术如人工智能、生物工程等，对于大多数企业而言，既缺乏足够的认知基础，又难以评估其应用前景，进而影响了企业引进新技术的积极性。同时，这些技术往往需要配套的专用设备、专业人才和管理模式，这无疑增加了企业的采纳成本。对中小企业而言，资金实力有限，风险承受能力不足，新技术带来的高昂成本和不确定性风险难以承受。即便是那些有意愿引进新技术的企业，面对技术的快速更新换代，也可能会产生观望态度，进而延缓了技术扩散的进程。

从市场需求来看，不确定性和信息不对称也在很大程度上阻碍了新技术的传播。一方面，市场对新技术创新产品的接受程度难以预估，这使得企业对新技术投资回报缺乏信心，不愿贸然引进。另一方面，下游用户对新技术及其应用缺乏了解，难以准确判断其价值，进而影响了市场需求。这种信息不对称加大了交易成本，制约了新技术在产业链上下游之间的扩散。同时，由于缺乏市场压力，一些处于垄断地位的企业创新动力不足，不愿引入新技术，这客观上延缓了产业整体的技术升级进程。

从企业能力来看，有限的吸收能力和路径依赖也是影响新技术扩散的重要因素。企业能否有效利用外部新知识，很大程度上取决于其知识存量和学习能力。然而，现实中，许多企业长期从事低附加值、低技术含量的加工制造，缺乏必要的人力资本和技术积累，难以理解和掌握复杂的新技术。同时，既有的生产模式和组织惯例也可能形成路径依赖，使企业难以跳出“旧技术—旧产品—旧市场”的循环，主动寻求技术升级。这种路径依赖不仅阻碍了新技术在企业内部的应用，也延缓了整个产业的技术演进。

从外部环境来看，缺乏有力的制度安排也在一定程度上制约着新技术的扩散。一方面，知识产权保护不力削弱了企业创新的积极性。由于担心新技术被快速模仿，研发投入难以收回，许多企业不愿承担高昂的创新成本。另一方面，缺乏有效的风险分担机制也影响了企业对新技术的采纳。技术创新本身就伴随高风险、高不确定性，然而，现行的金融体系难以为企业创新提供必要的融资支持，政府在创新风险分担方面也缺乏必要的制度安排。同时，用于支持企业技术创新的财政资金往往分散、碎片化，未能形成有效合力。此外，不合理的市场准入制度也阻碍了新技术企业的成长。这些都在不同程度上延缓了新技术的扩散速度。

（三）技术扩散的促进措施

技术扩散作为推动产业升级的重要动力，其实效性在很大程度上取决于扩散渠道的通畅性和扩散环境的优越性。为了加快新技术的传播和应用，必须采取有针对性的促进措施，消除扩散过程中的各种障碍，营造有利于技术扩散的社会氛围和制度环境。

1. 大力加强产学研合作，搭建高校、科研院所与企业之间的交流平台

高校和科研机构是新技术的重要源头，拥有雄厚的人才储备和研发实力。企业则掌握着市场需求信息，了解技术应用中的实际问题。通过产学研紧密合作，可以实现优势互补，促进科技成果向现实生产力的高效转化。政府应制定优惠政策，鼓励企业与高校、科研院所开展联合攻关，对产学研合作项目给予资金支持，提高企业参与技术创新的积极性。同时，还要完善科技成果转化机制，明晰知识产权归属，保护合作各方的合法权益。

2. 加快建设高水平的技术转移服务体系，为技术扩散提供专业化支撑

技术转移是将科技成果从研发主体传递到应用主体的关键环节，需要专业的中介服务机构来牵线搭桥、提供咨询辅导。政府应加大投入力度，引导社会资本参与，加快国家和区域技术转移中心建设，完善运行机制，提升服务能力。技术转移机构应积极搜集和发布技术供需信息，挖掘科技成果的应用价值，为技术交易提供撮合服务。同时，还要开展技术咨询、知识产权代理、创业孵化等增值服务，帮助中小微企业提升技术创新和应用能力。

3. 大力弘扬创新文化，营造崇尚创新、包容失败的社会氛围

创新是一项充满风险和不确定性的探索性活动，需要全社会的理解和支持。政府和媒体应加大宣传力度，宣扬科技创新的重要意义，讲好创新发展的故事，提振全民族的创新自信。要尊重科学家和创新人才的首创精神，为他们成长成才创造良好环境。对创新过程中出现的失误，要以包容的态度对待，允许试错，鼓励他们从失败中吸取教训、勇敢前行。只有形成崇尚创新、鼓励创造的文化氛围，才能激发全社会的创新活力，加快新技术的孕育和扩散。

4. 加强知识产权保护，严厉打击侵权假冒行为，维护创新主体的合法权益

知识产权制度是激励创新、促进技术扩散的基石，只有建立健全知识产权法律体系，创新成果的市场价值才能得到有效实现。要加大知识产权执法力度，强化行政执法和司法保护，提高侵权违法成本。对于情节严重、屡教不改的侵权行为，要从重处罚，形成有力震慑。同时，还要加强社会公众的知识产权意识教育，提高全民尊重和保护知识产权的自觉性。

第二节　市场需求变化的引导

一、消费结构升级对产业转型的影响

（一）消费升级的驱动因素

消费升级作为推动产业转型的重要驱动力，其内在机制和作用路径值得深入探讨。

1. 经济发展和居民收入水平提高

伴随经济发展和居民收入水平的提高，消费者的需求呈现出多样化、个性化、品质化的趋势，传统的大众消费模式已经难以满足消费升级的要求。因此，准确把握消费升级的特点和规律，积极响应消费者需求变化，已经成为新时期产业转型的关键。

2. 消费者购买力的提升

随着居民可支配收入的增加，中等收入群体规模不断扩大，他们对美好生活的向往和追求成为推动消费升级的内生动力。与此同时，城镇化进程的加快，也为扩大内需、释放消费潜力创造了有利条件。在收入水平提高的基础上，消费者的消费观念也发生了变化。他们不再满足于基本生活需求的满足，而是追求更高品质、更有个性的消费体验。品牌意识、环保意识、健康意识等新型消费理念的崛起，引领着消费行为和消费结构的升级。

3. 科技进步和商业模式创新

互联网、大数据、人工智能等技术的广泛应用，极大地拓展了消费场景和消费方式，催生了一批新业态新模式。电子商务、共享经济、体验经济等新型消费业态的发展，不仅丰富了消费内容，也重塑了消费者与商家的关系。数字化、智能化的消费方式让消费变得更加便捷、高效，个性化、定制化的产品服务让消费者拥有了更多选择。这些变革不断激发新的消费需求，为产业转型带来新的增长点。

（二）消费升级对传统产业的冲击

消费升级是指消费者在满足基本生存需求后，开始追求更高层次的物质和精神享受，消费需求从“有没有”转向“好不好”的过程。这一趋势不仅反映了社会财富的积累和居民生活水平的提高，也预示着消费市场结构和消费方式的变革。然而，消费升级对于一些传统产业而言，却是一把“双刃剑”，既蕴含着转型发展的机遇，也面临着市场份额萎缩的风险。

传统产业是指那些技术相对成熟、市场需求趋于稳定的产业，如纺织、服装、家电等。长期以来，这些产业凭借性价比优势，在大众消费市场占据主导地位。但是，随着消费升级浪潮的到来，传统产业面临的市场环境发生了显著变化。一方面，消费者对产品品质、功能、设计等方面提出了更高要求，单纯依靠价格优势已难以满足大众日益个性化、多元化的消费需求。另一方面，新兴产业的崛起，尤其是智能制造、互联网经济的发展，不断创造出新的消费场景和业态，对传统产业的市场空间形成了巨大挤压。在这种情况下，如果传统产业不能及时调整发展思路，创新产品和服务，就可能面临市场份额持续萎缩、利润空间不断压缩的困境。

消费升级对传统产业的冲击主要体现在以下几个方面：首先，消费需求的高端化倾向，使得那些缺乏品牌影响力和产品差异化的企业面临越来越大的生存压力。消费者愿意为优质品牌买单，价格不再是决定购买行为的唯一因素。这就要求传统产业加大品牌建设和产品创新力度，提升附加值，塑造核心竞争力。其次，消费需求的个性化趋势，对传统产业的柔性化生产和快速响应能力提出了更高要求。过去，大规模生产、规模经济是传统产业的制胜法宝。但在消费升级时代，少品种、大批量的生产模式已难以适应“多品种、小批量、短周期”的市场需求变化。这就需要传统产业利用信息化、自动化等手段，实现生产组织方式和流程的再造，提高供给的灵活性和适配性。再次，消费需求的服务化倾向，促使制造业与服务业加速融合，产品销售与服务提供相结合成为大势所趋。单一的产品制造已无法满足消费者日益增长的服务需求，这就要求传统产业重新定义自身角色，从单纯的产品提供商向“产品＋服务”的整体解决方案供应商转变。最后，互联网技术的广泛应用，加速了消费场景的线上线下融合，也为传统产业数字化、网络化转型带来了新的机遇和挑战。电子商务、移动支付、社交媒体等新技术应用，不仅改变了消费者的购物习惯和决策路径，也给传统产业的渠道建设、营销模式、客户关系管理等带来了新的课题。

（三）消费升级对新兴产业的促进

消费升级是推动新兴产业发展的重要引擎。随着我国人均收入水平的提高和消费观念的转变，消费者对产品和服务的需求表现出多样化、个性化、高端化的特点。这为新兴产业的崛起提供了广阔的市场空间和强劲的发展动力。

在消费升级的浪潮中，健康、教育、文化、旅游等领域的新兴产业迎来了前所未有的发展机遇。以健康产业为例，消费者对健康的重视程度不断提高，对健康产品和服务的需求日益旺盛。这推动了健康管理、体检服务、营养保健等细分行业的快速发展。与此同时，在线教育、智能硬件、共享经济等新兴业态也借助消费升级的东风实现了跨越式增长。

消费升级不仅为新兴产业提供了巨大的市场需求，也对其发展方向和路径产生了深刻影响。一方面，消费者需求的多元化和个性化倒逼新兴产业加快产品和服务的创新步伐，不断推出满足消费者差异化需求的新业态、新模式。另一方面，消费者对品质和体验的追求也促使新兴产业企业更加重视品牌建设和服务提升，以高品质、高颜值、高体验的产品和服务赢得消费者的青睐。

此外，消费升级还为新兴产业的跨界融合提供了广阔空间。随着消费者需求的不断细分和升级，单一领域的产品和服务已难以满足其多元化的需求。这推动了不同领域新兴产业的跨界整合，催生出一批融合多种功能和体验的创新型产品和服务。例如，将健康管理与智能可穿戴设备相结合，既满足了消费者对健康的需求，又提供了良好的使用体验。

二、市场细分与个性化需求的引导作用

（一）市场细分的基本概念

市场细分是现代营销理念的重要内容，它强调企业应根据消费者的需求差异，将市场划分为若干个较为同质的消费群体，进而针对不同细分市场制定差异化的营销策略。这一理念的提出，标志着营销思维从“以产品为中心”向“以消费者为中心”的转变，对企业提升市场竞争力具有重要意义。

市场细分的核心在于识别影响消费者购买行为的关键因素，据此将市场划分为若干个内部同质、外部异质的消费群体。这些因素通常包括人口统计特征（如年龄、性别、收入、教育程度等）、地域特征（如地区、城市规模、气候

等）、心理特征（如个性、生活方式、价值观等）和行为特征（如购买频率、品牌忠实度、使用状况等）。企业需要深入分析这些因素对用户消费行为的影响，选择最能反映市场差异的变量作为划分依据。

市场细分的过程通常包括细分、目标市场选择和市场定位三个步骤。在细分阶段，企业需要收集大量的市场信息，运用统计分析方法将市场划分为若干个消费群体。这一过程要求企业具备扎实的数据分析能力和市场洞察力。在目标市场选择阶段，企业需要评估各细分市场的吸引力，权衡企业资源和能力，选择最具发展潜力的一个或几个市场作为目标。这一决策关乎企业的战略方向，需要慎重对待。在市场定位阶段，企业需要明确产品在目标消费者心中的独特位置，塑造鲜明的品牌形象。这要求企业深刻洞察消费者需求，提出超越竞争对手的价值主张。

市场细分为企业带来了诸多益处。首先，它有助于企业更精准地把握目标消费者的需求特点，为产品开发、定价、渠道建设等营销决策提供依据。企业可以根据细分市场的偏好，研发出更契合消费者需求的产品，避免“大而全”的产品策略。其次，市场细分有利于企业聚焦有限资源，实现差异化经营。通过锁定特定的目标市场，企业可以集中资源优势，提供更有针对性的营销组合，在竞争中脱颖而出。最后，市场细分为企业识别新的市场机会提供了路径。通过分析消费者需求的演变趋势，企业可以发现新的利基市场，抢占先机。

（二）个性化需求的识别

个性化需求的识别是市场细分和产品开发的关键环节之一。个性化需求识别的首要任务是收集和分析消费者数据。大数据为企业提供了海量的消费者信息，包括人口统计学特征、购买行为、应用使用习惯等。通过对这些数据的挖掘和分析，企业能够全面了解消费者的需求偏好、消费习惯和决策过程，从而为个性化营销奠定基础。同时，企业还需要运用各种定性研究方法，如深度访谈、焦点小组等，深入探究消费者的心理诉求和情感体验，捕捉隐藏在数据背后的微妙信息。

个性化需求识别的另一关键是构建消费者画像。消费者画像是对目标消费群体特征的全面刻画，包括人口统计学特征、心理特征、行为特征等多个维度。通过对消费者数据的整合和分析，企业可以将消费者划分为不同的细分市场，并为每个细分市场勾勒出典型消费者的画像。这些画像不仅能够帮助企业深入理解消费者需求，优化产品设计，还能指导营销策略的制定，实现精准营销。

例如，电商巨头亚马逊基于消费者的浏览和购买记录，为每位消费者推荐个性化的商品，极大地提升了用户体验和转化率。

个性化需求识别还需要与时俱进，紧跟消费趋势的变化。消费者需求是动态演变的，受到技术进步、经济发展、文化变迁等多重因素的影响。企业必须保持敏锐的洞察力，及时捕捉新兴的消费趋势和需求变化。同时，企业还需要建立快速响应机制，根据市场反馈不断地调整产品和服务，以满足消费者不断变化的个性化需求。例如，可口可乐公司推出了“零度可乐”等个性化产品，迎合了消费者对低热量、健康饮料的需求。

（三）个性化产品的开发策略

个性化产品的开发已经成为企业适应市场细分、满足消费者多样化需求的重要策略。在消费升级和技术进步的双重驱动下，个性化产品呈现出品类多元、功能丰富、体验优异的发展趋势。企业要实现个性化产品开发的突破，必须在战略规划、流程设计、技术应用等方面进行系统性创新。

首先，企业应将个性化作为产品开发的核心战略，并据此优化组织架构和资源配置。这就要求企业建立敏捷、灵活的研发团队，打破部门壁垒，实现跨部门协同。同时，企业还需投入充足的人力、物力和财力，为个性化产品的持续创新提供保障。

其次，企业应重构产品开发流程，引入模块化设计、参数化配置等先进理念和方法。通过对产品进行合理的功能分解和标准化设计，企业可以在保证产品品质的同时，最大限度地实现个性化定制。这就要求企业构建起标准化、柔性化的生产制造体系，运用数字化、智能化技术手段，提高生产效率和响应速度。

再次，大数据、人工智能等技术的应用，为个性化产品开发提供了更加精准、高效的支撑。企业可以通过采集消费者的偏好数据，运用机器学习算法分析用户画像和需求，据此开发出契合用户个性化需求的产品。同时，虚拟现实（VR）、增强现实（AR）等交互技术的引入，也能够为消费者提供更加逼真、沉浸式的个性化产品体验。

最后，个性化产品开发还需要建立在紧密的产需互动基础之上。企业应搭建多元化的互动平台，畅通消费者参与产品开发的渠道，充分尊重和吸纳他们的个性化需求。譬如，积极运用社交媒体、在线社区等方式收集用户反馈，定期举办创意征集、众包设计等活动，让消费者的创意和智慧融入产品开发的全过程。同时，对于关键用户和意见领袖，企业还可以提供“首席体验官”等身份，赋予其更大的话语权和决策权。这不仅能提高个性化产品的响应度和契合度，也能增强用户黏性、培育品牌拥护者。

三、数字经济时代的市场需求新特征

（一）数字化消费行为

数字化浪潮席卷全球，深刻改变了人们的生活方式和消费习惯。移动互联网、大数据、人工智能等技术的快速发展，不仅创造了海量的数字化产品和服务，也催生了众多新型商业模式，重塑了传统的消费场景和购物体验。在这一背景下，消费者的行为模式正发生着革命性的变革。

网络购物已成为数字化消费的重要形态。电商平台的兴起打破了传统零售的时空限制，为消费者提供了更加便捷、多样、个性化的购物选择。借助大数据分析和智能推荐技术，电商平台能够精准把握消费者的偏好，实现千人千面的精细化营销。同时，移动支付、在线客服、智能物流等配套服务的完善，极大地提升了网购的便利性和互动性。网络购物不仅满足了消费者的功能性需求，更成为一种休闲娱乐方式，深刻影响着用户的消费决策和购买行为。

数字内容消费崛起是消费升级的重要表现。随着移动互联网的普及和智能终端的广泛应用，数字阅读、在线音乐、网络视频等数字内容产品日益丰富，满足了消费者多元化、个性化的精神文化需求。数字内容消费具有碎片化、场景化、沉浸式等特点，消费者可以随时随地、按需选择喜爱的内容。互联网平台通过订阅、会员、打赏等方式实现数字内容的变现，形成了新的商业生态。数字内容不仅是消费对象，更成为连接用户的纽带，引领着新的生活方式和社交方式。

数字化消费给传统企业带来了新的挑战和机遇。一方面，互联网渠道的冲击加剧了线下实体店的生存压力，倒逼传统企业加快数字化转型步伐。另一方面，数字化消费的崛起为传统企业开辟了新的增长空间，通过线上线下融合发展，打造全渠道、全场景的消费体验，传统企业能够实现转型升级和提质增效。例如，智慧零售通过大数据赋能，整合线上线下资源，为消费者提供个性化、交互式的购物体验；又如，智能制造借助物联网、人工智能等技术，实现柔性化生产和 C2B 模式，满足消费者的定制化需求。

数字化消费的兴起还催生了平台经济新业态。依托互联网平台，海量分散的供需资源得以快速匹配和优化配置，形成了规模经济和网络效应。共享经济、社交电商等新业态应运而生，重塑了人、货、场的关系。例如，以共享单车、网约车为代表的共享经济，盘活了闲置资源，极大地便利了消费者的出行需求；又如，以微商、社交零售为代表的社交电商，通过人际关系网络裂变传播，实现了产品的精准触达和快速销售。平台经济下的数字化消费，不仅提升了资源利用效率，也创造了更加灵活多样的就业机会。

伴随移动支付的普及，数字化消费行为无处不在。二维码扫描、NFC 碰一碰、手机刷脸等丰富的支付场景，正在消除线上线下消费的界限。数字化支付不仅提升了交易效率，也带来了更加个性化、沉浸式的消费体验。例如，无人零售通过移动支付实现即拿即走的购物新方式；又如，智慧景区通过扫码入园、移动导览等数字化手段，提供了全流程智慧服务。移动支付正成为数字化消费的基础设施，加速了消费场景的泛在化趋势。

数字化时代，消费者的主动性和参与度空前提升。一方面，消费者借助数字化工具，能够便捷地获取产品信息、在线交互、参与体验，成为消费过程的主导者；另一方面，消费者通过评论、分享、种草等方式，主动生产内容、影响他人，成为商家营销的重要合作方。例如，众包、众筹、众创等新型商业模式的兴起，进一步激发了消费者的创造力，实现了消费者与企业的协同创新。又如，C2B 反向定制、私域流量运营等新趋势的涌现，则体现了消费者对品牌关系的主动塑造。

数字化消费正深刻重构人与商品、服务的关系，推动形成扁平化、去中心化的新型消费生态。互联网技术消除了信息不对称，提高了市场的透明度；数字化工具赋能了消费者，使其成为消费决策的主导者；丰富的消费场景满足了多元化需求，创造了更多价值空间。在这一过程中，数据成了核心生产要素，数字化运营成为企业的核心竞争力。商家需要运用大数据分析洞察消费行为，通过精细化运营提供个性化的产品和服务，构建基于数字化消费的全新商业模式。

（二）在线市场的崛起

在线市场的兴起标志着数字经济时代消费行为的重大变革。随着互联网技术的飞速发展和移动智能设备的广泛普及，越来越多的消费者开始选择在线购物、在线娱乐、在线教育等数字化消费方式。这重塑了传统的消费模式和商业格局。在线市场打破了时间和空间的限制，为消费者提供了更加便捷、高效、个性化的消费体验。通过电商平台、社交媒体、搜索引擎等数字化工具，消费者可以随时随地浏览商品信息、比较价格、查看评价，并根据自己的需求和偏好做出购买决策。这种自主、灵活的消费方式极大地满足了消费者日益多元化、个性化的需求，推动了消费结构的升级和优化。

与此同时，在线市场的崛起也为企业带来了前所未有的机遇和挑战。一方面，数字化营销渠道的拓展和大数据技术的应用，使企业能够更加精准地洞察消费者需求，优化产品设计和服务，实现精细化运营和个性化营销。通过线上线下渠道的融合发展，企业可以为消费者提供更加全面、一体化的消费体验，提升品牌影响力和客户黏性。另一方面，在线市场的开放性和透明性也加剧了市场竞争，对企业的创新能力和响应速度提出了更高要求。企业需要紧跟数字化发展趋势，加快业务流程的数字化转型，构建敏捷、智能的供应链体系，不断提升产品和服务的质量，方能在激烈的市场竞争中脱颖而出。

在在线市场的冲击下，许多传统行业面临着转型升级的压力。实体零售、餐饮、旅游等行业纷纷开始布局线上渠道，探索数字化运营模式，力求在线上线下融合发展中实现突破。这不仅带动了相关产业的数字化进程，也推动了就业结构的优化调整和新兴业态的发展。与此同时，在线市场的发展也给监管体系带来了新的挑战。网络交易的安全性、产品质量的可靠性、消费者权益的保护等问题日益凸显，亟须政府加强市场监管、完善法律法规，营造良好的数字经济发展环境。

（三）数据驱动的市场分析

数据驱动的市场分析已经成为数字经济时代企业制定营销策略、把握市场动向的重要手段。随着大数据、云计算、人工智能等技术的迅猛发展，海量的市场数据正在被快速采集、存储和处理。这为企业深入洞察消费者行为、精准预测市场需求提供了前所未有的机遇。通过数据驱动的市场分析，企业能够全面、动态地把握消费者的个性化需求，并据此优化产品设计、改进服务质量，提升客户满意度和品牌忠诚度。

数据驱动的市场分析的核心在于利用先进的数据挖掘和机器学习算法，从海量的结构化和非结构化数据中发现有价值的信息和规律。这些数据来源广泛，包括销售记录、客户互动、社交媒体、搜索引擎等多个渠道。

数据驱动的市场分析已经在诸多领域得到广泛应用，并取得了显著成效。

例如，在电子商务领域，阿里巴巴、亚马逊等巨头通过大数据分析实现了精准的用户画像和个性化推荐，大大提升了转化率和客单价。又如，在快消品领域，宝洁、可口可乐等企业利用数据分析优化了产品组合和营销策略，增强了品牌影响力和市场竞争力。再如，在金融领域，数据驱动的市场分析助力银行、保险等机构改进了风险控制和客户服务，促进了业务创新和转型升级。

然而，数据驱动的市场分析也面临着一些挑战和局限。首先，数据的质量和安全是关键问题。市场数据的准确性、及时性和全面性直接影响分析结果的可靠性。同时，在数据采集、存储、使用过程中，必须严格遵守相关法律法规，保护消费者隐私和数据安全。其次，数据分析的专业门槛较高，需要复合型人才的支持。企业须组建由数据科学家、业务专家、IT 工程师等组成的人才团队，才能真正发挥数据分析的威力。最后，数据分析并非万能，仍需与传统的市场调研方法互补。定性分析有助于深入理解消费者的消费心理和情感，定量分析则提供了精确的数据支撑，二者相辅相成，缺一不可。

第三节　要素禀赋结构变化的驱动

一、劳动力结构变化对产业转型的影响

（一）劳动力供给结构变化

劳动力供给结构的变化深刻影响着产业转型升级的进程。随着我国人口红利逐渐消失，劳动力数量增长放缓，质量提升成为促进产业转型的关键。一方面，劳动年龄人口受教育程度不断提高，高技能人才比重持续上升，为产业结构优化奠定了人力资本基础。教育事业的快速发展，尤其是职业教育和继续教育的普及，显著提升了劳动者的职业技能和创新能力，为传统产业改造升级和战略性新兴产业发展提供了智力支撑。另一方面，农村劳动力大规模向城镇转移，为劳动密集型产业发展注入了新的动力。农业富余劳动力的释放一定程度上缓解了制造业、服务业等行业“用工难”的问题，保障了劳动力的低成本优势。同时，随着农业现代化水平的不断提高，农业从业人员数量大幅下降，剩余劳动力不断外流，也促进了农业经营方式的转变和农村产业结构的调整。

劳动力供给的年龄结构变化对产业发展也有重要影响。人口老龄化趋势日

益明显，劳动年龄人口比重下降，给劳动密集型产业带来严峻挑战。企业招工难度加大，用工成本不断攀升，一些低端制造业面临转型升级或外迁的压力。但老龄人口规模扩大也为养老、医疗、文化、旅游等行业带来广阔的市场空间，催生出银发经济等新的消费热点，成为经济增长的新动能。此外，随着独生子女一代逐步进入劳动力市场，一些行业出现“用工荒”现象。“80后”“90后”劳动者追求个性化发展，更加注重工作环境和发展空间，对单一、重复的工作缺乏兴趣。这在一定程度上推动了企业管理模式创新和产业结构调整，加速淘汰低端落后产能，引导资源向高质量发展领域集中。

（二）劳动力技能提升

劳动力技能的提升是推动产业转型与经济结构升级的关键驱动力之一。经济社会的不断发展，对劳动者技能水平的要求也在不断提高。一个国家或地区的劳动力素质，很大程度上决定了其产业结构的高度和经济发展的质量。因此，大力加强职业技能培训，提升劳动者的技能水平，已经成为各国政府和企业的普遍共识。

从宏观角度看，劳动力技能提升有利于优化劳动力资源配置，推动产业结构调整和升级。一方面，技能水平的提高使得劳动者能够胜任更加复杂的工作，从事附加值更高的生产活动，从而推动传统产业的改造升级和高端产业的发展壮大。另一方面，高技能劳动力的比重提升，也意味着劳动力在不同产业部门之间的合理流动，人力资源配置效率的优化，有助于经济结构的不断调整完善。

从微观角度看，劳动力技能提升是提高企业竞争力和劳动者就业质量的重要基础。对企业而言，拥有一支高素质的人才队伍，是提升产品质量、推动技术创新、应对市场变化的前提条件。熟练掌握各种先进技术和操作技能的员工，能够显著提高企业的生产效率和经营绩效，增强企业的核心竞争优势。对劳动者个人而言，技能水平的提升意味着就业机会的增加、工作岗位的优化以及收入水平的提高。

（三）劳动力市场调整

劳动力市场的调整是产业结构优化升级的重要推动力。随着经济发展进入新常态，我国劳动力市场也呈现出新的特点和趋势。一方面，劳动力供给总量不断增加，受教育程度不断提高，劳动者专业技能水平显著提升。另一方面，产业结构的调整优化对劳动力的专业化、多样化提出了更高要求。在此背景下，推动劳动力在不同产业、不同区域、不同所有制企业之间实现合理流动和优化配置，已成为新时期我国经济发展的关键课题。

劳动力市场的调整有利于促进产业结构的优化升级。首先，劳动力在不同产业部门之间的合理流动，能够实现人力资源的优化配置。通过市场化的竞争和选择机制，优质劳动力将逐步向高附加值、高技术含量的行业集聚，推动产业结构不断向高端化、智能化方向发展。低端产能和过剩行业的劳动力则会逐步向其他行业转移，实现存量劳动力的盘活和再利用。其次，劳动力市场的调整能够倒逼用工企业加大技术创新和智能化改造力度。面对"用工荒"和用工成本上升的压力，企业将不得不通过技术进步来提高劳动生产率，减少对低技能劳动力的依赖。这一过程能够加快传统产业的转型升级，培育发展新兴产业，推动经济发展实现从要素驱动向创新驱动的转变。

此外，劳动力市场的灵活性还能增强区域经济发展的协调性。改革开放以来，在区域发展战略和产业梯度转移的推动下，东部沿海地区率先实现了工业化，成为吸纳农村剩余劳动力的主要聚集地。然而，随着东部地区产业结构的调整和用工成本的上升，劳动密集型产业正逐步向中西部地区转移。与此同时，中西部地区劳动力素质的提升，也为承接东部产业转移奠定了人力资源基础。在这一过程中，劳动力在区域间的合理流动能够缓解东部地区"用工荒"的问题，支持中西部承接产业转移，最终实现区域经济的协调发展。

二、资本积累与配置对经济结构升级的作用

（一）资本积累方式

资本积累是产业结构升级和经济增长的重要基础。在现代经济体系中，资本积累的方式呈现出多元化特征，主要包括储蓄转化为投资、利润再投资、财政资金投入和外资引进等。不同的资本积累方式对产业结构调整和经济发展的作用机理各有侧重，但都对优化资源配置、推动技术进步、培育市场主体发挥着不可替代的作用。

传统的资本积累方式主要依靠国内储蓄向投资的转化。储蓄是居民和企业资金在扣除消费支出后的剩余部分，是宏观经济中资本形成的重要来源。通过

金融体系特别是银行信贷的中介作用，储蓄资金可以转化为企业的生产性投资，扩大再生产规模，推动产业升级。改革开放以来，我国储蓄率长期保持在较高水平，为经济高速增长和产业结构调整提供了雄厚的资金支持。然而，过度依赖储蓄投资也可能导致投资效率低下、产能过剩等问题，需要在储蓄与消费之间寻求平衡。

企业利润再投资是另一种重要的资本积累方式。在市场经济条件下，企业通过生产经营活动获得利润，并将其中一部分用于扩大再生产，形成新的生产能力。这种内源式的资本积累有助于增强企业的自主创新能力，优化产品结构，提升核心竞争力。特别是对于处于成长期的中小企业而言，利润再投资可以弥补外部融资渠道的不足，为企业发展壮大提供关键支撑。当然，政府也应通过完善融资体系、减轻企业税负等举措，为企业利润再投资创造良好的制度环境。

财政资金投入是政府调控宏观经济、引导产业发展的重要手段。通过制定产业政策，加大对战略性新兴产业、高新技术产业等重点领域的财政支持力度，政府可以有效地弥补市场失灵，推动关键核心技术攻关和产业化应用。同时，财政资金还可以通过完善基础设施、加强人力资本投资等方式，为产业转型升级营造良好的外部环境。当前，我国正处于经济转型的关键时期，发挥好财政资金的引导作用，对于培育发展新动能、构建现代化经济体系具有重要意义。

外资引进是发展中国家实现资本积累的重要途径。通过吸引外商直接投资，东道国不仅可以获得急需的资金，还可以引进先进技术、管理经验和国际市场渠道，推动产业结构优化升级。改革开放以来，我国始终坚持对外开放基本国策，不断完善外资利用的法律制度和政策体系，成为全球最大的外资流入国之一。外资企业不仅推动了加工贸易等传统产业的发展，更是战略性新兴产业和现代服务业的重要参与主体，为我国经济发展注入了强劲动力。在新的历史条件下，以高水平对外开放促进高质量发展，吸引全球资本、技术、人才等优质要素集聚，将为我国产业转型升级和经济结构优化提供有力支撑。

（二）资本配置效率

资本配置效率是评判一个经济体资源利用水平的重要指标，对于产业结构优化升级具有重要影响。在现代市场经济条件下，资本作为最为稀缺的生产要素，其配置效率高低直接关系到经济增长质量和可持续发展。提高资本配置效率，引导资金流向高质量发展的领域，是经济结构调整优化、产业转型升级的内在要求。

从资本形成角度来看，优化资本供给结构是提升资本配置效率的关键。一方面，需要发挥好政府投资的引导作用，加大对基础设施、公共服务等领域的投入，为经济社会发展提供良好的物质基础。另一方面，要充分调动民间投资的积极性，鼓励社会资本参与重大项目建设，形成政府投资和民间投资协同发力的局面。同时，还应积极利用外资，引进国际先进技术和管理经验，推动产业结构升级。

从资本流动角度来看，健全的金融市场体系是实现资本优化配置的重要保障。要加快发展多层次资本市场，拓宽企业融资渠道，为中小企业、创新型企业提供更多的融资支持。同时，也要完善金融监管体系，防范化解金融风险，维护金融市场稳定。此外，还需要打破地区、行业、所有制等方面的壁垒，促进资本在各领域间自由流动，实现资源的合理配置。

从资本使用角度来看，提高资本使用效率是产业升级的重要支撑。一是要引导资金更多投向战略性新兴产业、高端制造业等领域，推动产业迈向中高端。二是要加快淘汰落后产能，促进传统产业转型升级，提高资源利用效率。三是要大力发展现代服务业，促进服务业与制造业融合发展，构建现代产业体系。四是要加强科技创新，加快关键核心技术攻关，为产业发展注入新动能。

（三）资本流动性

资本流动性在产业转型升级中发挥着关键作用。资本流动性的提高有利于优化资源配置，推动产业结构调整。当某个产业领域出现新的投资机会时，资本会迅速流向该领域，带动相关产业的发展壮大。同时，对于传统产业中效益低下、发展前景不佳的企业，资本也会迅速撤出，倒逼其进行转型升级。可以说，资本犹如“催化剂”，其流动方向和速度在很大程度上决定了产业发展的路径和进程。

资本流动性也是经济结构优化的内在要求。在市场经济条件下，资本逐利的天性决定了其必然流向回报率高、发展前景好的领域。一个经济体要实现产业转型升级，必须营造良好的投资环境，吸引国内外资本持续流入。这就要求进一步健全市场机制，完善产权制度，加强知识产权保护，为资本的自由流动创造条件。只有实现资本在不同产业、不同区域之间的合理流动，才能形成优胜劣汰的资源配置格局，实现经济结构的动态优化。

资本流动性的提升还有赖于金融市场改革的深化。发达、高效的金融市场是资本流动的重要载体。通过降低交易成本、提供多样化的融资工具，金融市场能够加速资本在不同领域之间的流动。我国要推动产业转型升级，必须加快发展多层次资本市场，丰富债券、股票、保险、基金等金融产品，满足实体经济多样化的融资需求。同时也要创新金融监管体系，在防范金融风险的同时，为资本流动营造更加宽松、便利的政策环境。

三、自然资源禀赋变化与产业布局调整

（一）资源枯竭与替代

资源枯竭与替代是产业转型和经济结构升级过程中不可忽视的重要驱动力。随着经济社会的不断发展，传统的资源禀赋优势正在逐步减弱，部分资源面临枯竭的风险，亟须寻求替代资源以保障经济的可持续发展。这一过程不仅涉及资源开发利用模式的转变，更关乎产业布局的优化调整和新兴产业的培育壮大。

传统产业高度依赖煤炭、石油等化石能源，而这些不可再生资源的日益枯竭，使得能源供给的稳定性和经济性面临严峻挑战。为了应对这一困境，发展清洁能源已成为各国的共识和行动。太阳能、风能、生物质能等可再生能源技术不断取得突破，成本持续下降，市场竞争力日益增强。可再生能源产业的崛起不仅有助于缓解能源短缺压力，更为传统产业的绿色转型和新兴产业的发展创造了有利条件。

矿产资源作为工业生产的重要原材料，其禀赋变化对产业布局具有深远影响。部分矿产资源储量减少，品位下降，开采难度加大，使得资源型产业面临转型压力。与此同时，伴随材料科学的进步，新型材料不断涌现，逐步替代传统矿产资源，推动产业结构的优化升级。复合材料、纳米材料、智能材料等新兴材料产业方兴未艾，引领着制造业的创新发展，成为撬动经济增长的新动能。

水资源短缺、土地资源紧张等问题，也倒逼农业生产方式的变革。节水灌溉、设施农业、立体种植等现代农业技术广泛应用，有效地提升了农业资源利用效率。同时，生物育种、分子农业等前沿技术的突破，为农业品种改良和绿

色生产提供了新路径。资源约束不仅推动着农业现代化进程，更催生了都市农业、观光农业等新业态，为乡村振兴注入了新的活力。

人力资源结构的变化也深刻影响着产业转型升级。随着人口老龄化加剧，劳动力短缺问题日益突出，倒逼企业加快生产自动化、智能化进程。机器人、人工智能等技术在制造业、服务业等领域的应用不断深化，重塑着生产组织方式和商业模式。与此同时，知识型、技能型人才的培养和引进，为新兴产业发展提供了智力支撑。人力资源的优化配置成为驱动创新发展的关键因素。

（二）资源分布变化

资源分布变化对产业转型和经济结构升级具有重要影响。随着经济社会的快速发展，自然资源禀赋正在发生深刻变革，传统的资源依赖型产业面临着资源枯竭的严峻挑战。为了实现可持续发展，必须加快产业结构调整，推动资源利用方式的根本转变。

从区域视角来看，资源分布的空间差异性日益凸显。一方面，传统资源富集区正经历着资源存量急剧下降的过程。以煤炭资源为例，华北、东北等产煤大省的优质煤炭资源已被大量开采，后备资源储量有限，开采条件日益恶化。这不仅制约了当地煤炭工业的进一步发展，也引发了严重的生态环境问题。另一方面，战略性新兴资源正呈现向中西部地区转移的态势。风能、太阳能等可再生资源以及稀土、锂等稀有金属在内蒙古、青海、四川等地拥有丰富储量，为当地经济转型升级提供了宝贵机遇。因此，准确把握不同区域的资源禀赋变化，因地制宜调整产业布局，是推动区域协调发展的关键所在。

从行业视角来看，传统资源型产业亟须加快转型升级步伐。煤炭、石油等化石能源开采是我国许多地区的支柱产业，在国民经济中占据重要地位。然而，伴随资源枯竭和环境压力的日益加剧，粗放型的资源开发利用方式已难以为继。为了实现行业的可持续发展，必须加快技术创新，提高资源利用效率，延伸产业链条，推动传统产业向高端化、智能化、绿色化方向转型。同时，也要积极发展战略性新兴产业，以新技术、新业态、新模式为引领，培育新的经济增长点。只有加快新旧动能转换，才能从根本上破解资源型经济发展的瓶颈制约。

从企业视角来看，资源型企业面临着转型发展的重大考验。长期以来，许多企业过度依赖资源禀赋优势，在资源开采和初级加工领域形成了规模效应，但在产业链高端环节的布局严重不足。随着资源约束日益紧张，传统的比较优势正在逐步丧失。为了实现转型发展，企业必须树立创新驱动理念，加大科技研发投入，推进产品结构优化升级。同时，企业还要主动对接市场需求，拓展应用领域，提升专业化、个性化服务能力。只有依靠创新驱动，加快从资源依赖型向创新驱动型转变，企业才能在激烈的市场竞争中赢得主动。

（三）资源利用效率

资源利用效率是衡量自然资源开发利用水平和可持续发展能力的重要指标。

提高自然资源利用效率需要从技术、管理、制度等多个维度入手。在技术层面，要大力推进资源开发利用的科技创新，积极引进和推广先进适用技术，优化资源开采、加工、利用等环节，最大限度地提高资源的综合利用水平。例如，在矿产资源开发领域，应加强采矿工艺、选矿工艺的创新研究，提高矿石的回收率和综合利用率；又如，在能源领域，要大力发展清洁能源技术，提高煤炭、石油等化石能源的利用效率，推动能源结构优化升级。

在管理层面，要建立健全自然资源管理体系，加强自然资源调查评价和监测监管，合理规划自然资源开发利用布局。要严格执行资源开发利用标准，加强全过程监管，防止资源的过度开发和浪费。同时，要加强资源利用的全生命周期管理，推行循环经济理念，促进资源的循环利用。例如，在工业领域，要大力推行清洁生产和循环经济，提高工业固体废物、废水、废气的资源化利用水平；又如，在农业领域，要发展生态农业，推广秸秆还田、畜禽粪污资源化利用等技术，提高农业资源利用效率。

在制度层面，要健全自然资源产权制度和资源有偿使用制度，建立反映市场供求和资源稀缺程度的价格形成机制，促进资源的合理配置和高效利用。要完善资源利用效率考核评价体系，将资源节约集约利用纳入各地区各部门的绩效考核范畴。同时，还要加大节约集约利用宣传力度，增强全社会的资源忧患意识和节约意识，营造珍惜资源、节约资源的良好氛围。

四、技术要素的优化配置与创新驱动

（一）技术资源整合

技术资源整合是实现产业转型升级的关键动力之一。在当前经济发展阶段，技术创新已成为推动产业结构优化、提升产业竞争力的核心驱动力。有效整合各类技术资源，实现资源的优化配置和高效利用，则是技术创新活动得以顺利开展的重要前提。

从宏观层面来看，技术资源整合有利于推动产业技术体系的完善和升级。通过整合分散在各个领域、行业、企业中的技术资源，可以促进不同技术之间的融合与协同，催生新的技术增长点，带动产业技术水平的整体跃升。同时，技术资源的系统集成还能够提高产业创新链条的完整性和系统性，强化产业创新能力，为实现产业转型升级奠定坚实基础。

从微观层面来看，技术资源整合是企业实现创新发展的必由之路。对于个体企业而言，自身的技术储备往往存在一定局限性。而通过与外部主体开展技术合作，整合内外部创新资源，企业能够突破自身技术瓶颈，拓展技术创新空间。一方面，技术资源整合可以帮助企业快速获取所需的关键技术，缩短新产品开发周期，提升市场响应速度；另一方面，通过技术资源共享和优势互补，企业能够降低创新成本和风险，提高资源利用效率，增强自主创新能力。

此外，技术资源整合还是培育区域创新生态系统的重要举措。通过搭建产学研用协同创新平台，推动区域内高校、科研院所、企业等创新主体的广泛联合，区域能够实现创新资源的优化配置和充分共享，形成良性互动的创新生态。在此基础上，区域产业创新活力将得到极大释放，为区域经济转型发展注入强劲动力。

（二）技术创新平台

技术创新平台的建设是推动产业转型升级、实现创新驱动发展的关键支撑。它通过整合优势资源、搭建协同创新网络，为技术研发、成果转化、人才培养等提供全方位服务，有力促进了科技、经济、社会的良性互动。一个高水平的技术创新平台应包含完备的基础设施、高端的科研仪器设备、开放的信息共享机制以及便捷的服务流程。同时，平台还要会聚一批拥有国际视野、掌握前沿技术的高层次人才，形成多学科交叉融合、产学研用紧密结合的创新生态系统。

在运行机制上，技术创新平台要坚持需求导向，聚焦行业和区域发展的重大技术需求，组织开展关键核心技术攻关。要发挥龙头骨干企业的引领带动作用，支持中小微企业参与协同创新。同时，还要探索建立科学规范的绩效评价体系，完善人才激励机制，充分调动科研人员的积极性和创造性。在服务模式上，技术创新平台要立足用户需求，提供全链条、个性化的技术解决方案。既要重视应用基础研究，加强共性关键技术研发，又要加快科技成果的转移转化，促进新技术、新产品、新业态的不断涌现。

技术创新平台的建设还要注重开放合作、协同发展。一方面，要主动对接国家和区域创新网络，积极融入全球创新体系。通过与国内外高校、科研院所、行业领军企业等开展深度合作，共享优质创新资源，提升自主创新能力。另一方面，要发挥辐射带动效应，打造区域性、行业性的技术创新中心。通过建立共性技术研发平台、中试熟化基地等，带动产业集群加快技术创新步伐，促进区域经济高质量发展。

（三）技术扩散机制

技术扩散机制是推动产业转型升级的重要驱动力。在知识经济时代，技术创新已成为经济发展的核心动力。然而，新技术的价值只有通过有效扩散才能真正实现。一套高效、畅通的技术扩散机制，能够加速新技术的应用和推广，促进生产力水平的提升，推动产业结构的优化升级。

从微观层面来看，技术扩散的主体是企业。企业通过模仿、学习、合作等方式获取新技术，并将其应用于生产实践，从而实现技术创新成果的商业化。在这一过程中，政府、高校、科研机构等创新主体发挥着重要的支持和引导作用。它们通过构建产学研合作平台、完善技术交易市场、加强知识产权保护等措施，为企业的技术学习和应用创造良好的制度环境。同时，金融机构还通过提供多元化的融资服务，解决企业技术创新面临的资金瓶颈，促进新技术的推广应用。

从中观层面来看，产业集群是技术扩散的重要载体。一个区域内相关企业和机构的地理聚集，能够形成密集的知识外溢和技术扩散网络。集群内企业之间频繁的人员流动、非正式交流等，加速了新技术的传播和学习。龙头企业通过示范效应和辐射带动，能够推动新技术在集群内中小企业中的扩散。同时，专业化的社会化服务体系，如技术中介、检测认证、人才培训等，能为集群内企业提供优质高效的技术扩散服务，提升整个集群的技术创新和扩散能力。

从宏观层面来看，制度环境和政策体系对技术扩散具有重要影响。良好的产权保护制度，能够保护创新者的合法权益，激励更多的创新活动，为新技术的扩散奠定基础。公平竞争的市场环境，能够倒逼企业加大技术创新和应用力度，加速新技术的市场化进程。政府的财政科技投入、税收优惠、人才引进等政策，能够有效弥补市场失灵，引导社会资源向技术创新领域倾斜，营造有利于技术扩散的良好生态。

第三章　经济结构升级的策略

第一节　传统产业改造与升级

一、传统产业技术改造路径

（一）传统产业技术改造的必要性

传统产业技术改造是推动经济结构调整优化、培育发展新动能的重要抓手。在新时代背景下，传统产业面临着前所未有的挑战和机遇，唯有立足国情，把握规律，创新路径，优化布局，才能在激烈的市场竞争中立于不败之地，实现转型升级和高质量发展。

从国家层面来看，推进传统产业技术改造是实现制造强国战略、建设现代化经济体系的必然要求。我国传统产业占据了国民经济的重要地位，在稳定增长、促进就业、改善民生等方面发挥着不可替代的作用。然而，随着新一轮科技革命和产业变革的蓬勃兴起，许多传统产业长期积累的比较优势正在逐步丧失，低端产能过剩、创新能力不足、资源环境约束趋紧等问题日益凸显。如果任由这些问题恶化，不仅会制约传统产业自身的持续发展，更会影响国民经济的稳定运行。因此，加快传统产业技术改造，推动其焕发新的生机与活力，已经成为一项刻不容缓的战略任务。

从产业自身发展来看，技术改造是传统产业实现转型升级、提质增效的根本出路。事实上，我国很多传统产业并非没有市场前景，而是缺乏核心技术支撑和现代化改造，导致产品品质不高、成本优势不明显、附加值较低，难以适应日益个性化、多样化的市场需求变化。通过实施技术改造，运用新技术、新工艺、新装备改造提升传统产业，可以有效突破资源环境约束瓶颈，提高生产效率和产品品质，增强产业竞争力和可持续发展能力。这不仅有利于巩固传统产业的既有优势，更能催生新的经济增长点，为经济高质量发展注入强劲动力。

从发展趋势来看，新一代信息技术与制造业深度融合，为传统产业技术改造带来了难得的历史机遇。当前，以人工智能、大数据、物联网为代表的新一代信息技术日新月异，与制造业加速融合，引发了生产方式、组织形态、商业模式的深刻变革。传统产业若能抓住这一契机，通过数字化、智能化改造，就能实现弯道超车、换道领跑，在新一轮产业竞争中抢占制高点。例如，通过应用工业互联网平台，可以实现设计、生产、管理、服务的全流程数字化连接，大幅提升生产效率和运营水平；又如，通过发展智能制造，可以推动产品智能化、生产智能化、管理智能化，不断提高产品品质和服务水平。

（二）传统产业技术改造的主要方法

技术改造是传统产业实现转型升级、提质增效的重要途径。面对日新月异的科技进步和日益激烈的市场竞争，传统产业需要主动拥抱变革，积极采用先进技术，优化生产流程，改善产品性能，以求在新一轮产业革命中赢得先机。因此，深入探讨传统产业技术改造的主要方法，对于推动传统产业高质量发展具有重要意义。

从生产工艺优化的角度来看，引进自动化、智能化设备是传统产业技术改造的关键举措。传统生产模式往往过度依赖人力，效率低下，产品质量难以保证。而通过引进数控机床、工业机器人等自动化设备，可以显著提高生产效率，减少人为失误，确保产品质量的稳定性。同时，智能化设备还能实现生产过程的实时监测和动态调整，使生产更加精准高效。例如，在纺织行业，采用智能化织机可以大幅提升织造效率和面料质量；又如，在机械加工领域，应用数控加工中心能够实现复杂零部件的高精度、高效率生产。

从产品性能提升的角度来看，新材料、新工艺的应用是传统产业技术改造的重要方向。传统产品往往存在性能单一、附加值低等问题，难以适应日益多元化的市场需求。而通过采用新型功能材料，改进加工工艺，可以从根本上改善产品性能，提高产品附加值。例如，在建筑建材领域，应用纳米材料可以大幅提升建筑材料的强度、韧性和耐久性；又如，在化工行业，采用生物催化技术能够实现化学品的绿色合成，降低生产成本和环境影响。新材料、新工艺的应用不仅能够增强产品竞争力，还有利于传统产业向绿色、环保、可持续的方向转型。

从能源利用效率提高的角度来看，能源系统优化是传统产业技术改造的重要内容。传统生产过程往往存在能耗高、污染重等问题，不仅增加生产成本，还带来严重的环境负荷。而通过系统梳理能源利用环节，优化能源系统设计，提高能源利用效率，可以从源头上降低生产能耗，减少污染排放。例如，在钢铁冶炼过程中，采用干熄焦、高炉煤气回收等技术可以显著降低能耗和二氧化碳排放；又如，在化工生产中，应用热集成技术能够最大限度地利用余热资源，提高能源利用效率。能源系统优化不仅有助于传统产业降本增效，更是其践行绿色发展理念、承担社会责任的重要体现。

从智能化管理的角度来看，信息化、数字化转型是传统产业技术改造的必由之路。在信息时代，数据已经成为推动生产力发展的关键生产要素。传统产业要实现高质量发展，必须积极顺应信息化、数字化大潮，加快数字化转型步伐。通过应用物联网、大数据、云计算等技术，传统产业可以实现生产运营全流程的数字化监测和优化调度，提高管理效率和决策水平。例如，在机械制造行业，应用数字孪生技术可以实现产品全生命周期管理，大幅提升产品设计、生产、服务的效率和质量；又如，在纺织服装行业，打造智能化生产和供应链管理平台，能够快速响应市场需求变化，提高柔性化生产水平。信息化、数字化转型是传统产业插上腾飞之翼、实现跨越式发展的关键举措。

（三）技术改造的实施步骤

技术改造是传统产业升级转型的重要路径，其实施步骤直接关系到改造效果和成本。在制定技术改造方案时，首先需要全面评估企业现有的生产工艺、设备状况、人员素质等，准确把握技术改造的出发点和着力点。这一过程离不开专业的技术诊断和可行性论证，要充分听取一线员工、管理人员、行业专家的意见建议，做到科学决策、民主决策。

其次要制定切实可行的实施方案。这需要成立专门的技术改造项目组，明确责任分工，倒排工期，细化任务清单。改造方案既要体现前瞻性和创新性，引入先进适用的新技术、新工艺、新装备，又要考虑企业的资金实力、人才储备等因素，防止盲目投资和过度超前。在方案制定过程中，还应注重新旧技术的耦合衔接，最大限度降低生产运营的波动风险。

再次要抓紧组织实施，强化过程管理和质量把控。一方面，要加强人员培训，提升员工的技术能力和操作水平，尤其要重视老员工的再教育，帮助其尽快适应新的生产方式。另一方面，要强化设备安装、调试、验收等环节的管理，建立严格的质量标准和考核机制，确保每个细节都经得起检验。对于技术难度大、工艺要求高的关键环节，还要组织专项攻关，集中力量破解难题。

最后需要开展后评估工作，全面总结改造成效和经验教训。要客观分析生产效率、产品质量、能耗物耗等关键指标的变化，评估改造投入产出效益。对暴露出的问题和不足，要及时反馈，形成持续改进的闭环机制。后评估不是技术改造的终点，而是新一轮优化提升的起点。只有常态化开展技术诊断和效益评估，才能实现传统产业转型升级的良性循环。

二、传统产业生产效率提升策略

（一）生产流程优化

生产流程优化是提升传统产业生产效率的关键策略。在激烈的市场竞争环境下，只有不断改进生产流程，提高生产效率，才能增强企业的市场竞争力，实现可持续发展。生产流程优化的核心在于系统思考，全面分析生产过程中的每一个环节，打破生产效率提升的瓶颈，并采取针对性措施加以改进。

1. 建立完善的生产流程管理体系

这需要企业全面梳理生产过程，明确各个环节的输入、输出和衔接关系，制定标准化的作业流程和质量控制标准。同时，企业还要建立健全生产计划管理、物料管理、设备管理等配套管理制度，为生产流程的顺畅运行提供制度保障。只有在科学管理体系的支撑下，生产流程优化才能取得实效。

2. 积极应用现代生产管理技术和方法

精益生产（Lean Production）、六西格玛（Six Sigma）、准时化生产（Just In Time）等先进的生产管理理念和工具，为企业生产流程优化提供了行之有效的思路和方法。企业要根据自身特点和需求，选择适合的生产管理技术，并在实践中不断完善和创新。例如，通过价值流分析（Value Stream Mapping）可以清晰识别生产流程中的浪费环节；又如，通过快速换模（SMED）可以大幅度缩短设备换型时间；再如，通过防错（Poka-yoke）可以有效地预防生产缺陷的发生。

3. 加强信息化建设

信息技术的发展为企业生产管理带来了革命性变革。通过引入 ERP、MES、PLM 等信息化系统，企业可以实现生产过程的实时监控、数据采集和智能分析，大幅提高生产管理的效率和精细化水平。例如，利用制造执行系统

(MES)可以对生产计划、物料配送、设备运行等进行实时调度和优化，提高生产效率和产品质量；又如，利用产品生命周期管理（PLM）系统可以实现产品数据的集成管理和协同应用，缩短产品研发周期，提高生产灵活性。

4. 持续改进

企业要树立持续改进的理念，建立全员参与的改进机制，鼓励员工积极发现问题、分析原因、提出改进措施。同时，企业还要重视生产现场的管理，通过5S、目视化管理等手段，营造整洁有序、标识清晰的生产环境，为生产流程优化创造有利条件。只有将持续改进内化为企业文化和全体员工的自觉行动，生产流程优化才能常抓不懈、动态调整，实现企业生产效率和竞争力的不断提升。

（二）设备更新与维护

设备更新与维护是提升传统产业生产效率的关键举措。如何在新的历史条件下，通过设备更新与维护，推动传统产业转型升级，已经成为一个亟待解决的重大课题。

从生产效率的角度来看，设备更新与维护能够显著提高传统产业的生产能力和产品质量。一方面，引进先进的生产设备和工艺技术，可以大幅度提升生产线的自动化和智能化水平，减少人工操作环节，降低产品不良率，从而实现生产效率的跨越式提升。另一方面，加强对现有设备的维护和保养，及时更换易损件，消除潜在故障隐患，能够有效延长设备使用寿命，减少非计划性停机时间，保证生产系统的稳定运行。

从产品质量的角度来看，设备更新与维护是保证传统产业产品质量稳定性和一致性的重要前提。随着消费者对产品品质要求的不断提高，传统产业必须通过设备更新，引进精度更高、性能更稳定的生产设备，严格控制生产过程的各项参数指标，减少产品质量波动，提高产品合格率。同时，定期开展设备维护与保养，及时校准和调试关键部件，能够有效防止因设备磨损老化导致的产品质量下降问题。

从成本控制的角度来看，设备更新与维护有助于降低传统产业的生产成本和运营成本。通过更新节能环保型设备，优化能源管理系统，传统产业可以显著降低单位产品能耗，减少“三废”排放，实现绿色低碳发展。同时，加大设备维护力度，做好备品备件管理，减少因设备故障而导致的停工损失和维修费用，对于控制生产成本、提高经济效益具有重要意义。此外，设备更新与维护还能够改善车间工作环境，降低职业病发病率，减少员工医疗支出，为企业节约大量的人工成本。可见，设备更新与维护已经成为传统产业成本控制和效益提升的重要抓手。

（三）人员培训与管理

人员培训与管理是提升传统产业生产效率的关键环节。在新时代背景下，面对日益激烈的市场竞争和不断变化的消费需求，传统产业要实现转型升级，必须高度重视人力资源的开发和利用。只有不断加强员工培训，完善人才管理机制，才能真正激发员工的工作热情和创新潜能，为企业发展注入不竭的动力。

系统的员工培训是提高员工素质、优化人力资源配置的有效途径。传统产业从业人员普遍存在文化程度不高、专业技能欠缺等问题，这在很大程度上制约了产业的技术进步和效率提升。为了突破这一瓶颈，企业必须制订科学的培训计划，有针对性地开展各类培训活动。一方面，企业要加强对员工基本素质的培养，通过文化课学习、职业道德教育等，提高员工的综合素养；另一方面，企业要注重员工专业技能的提升，通过技术培训、岗位练兵等，使员工掌握先进的生产工艺和操作技能。同时，培训还应注重实效性和针对性，根据不同岗位、不同层次员工的特点，设计个性化的培训方案，提高培训的针对性和有效性。只有扎实推进员工培训工作，才能促进员工知识和技能的不断更新，助力企业获取持续的竞争优势。

科学的绩效考评和激励机制是调动员工积极性、提升管理效能的重要保障。传统的人事管理往往存在重资历、轻能力，分配上“大锅饭”“铁饭碗”等弊端，极大地挫伤了员工的工作热情。为了扭转这一局面，企业必须树立现代人力资源管理理念，建立公平、公正、公开的绩效考评体系。考评指标的设定要全面衡量员工的工作实绩和发展潜力，突出德才兼备的用人导向；考评过程要坚持客观、准确，杜绝人为干扰；考评结果要与员工的薪酬待遇、职业发展紧密挂钩，充分发挥考评的激励约束作用。与此同时，企业还应建立多元化的激励机制，物质奖励与精神鼓励并重，为员工提供广阔的发展空间和施展才华的舞台。唯其如此，才能最大限度地调动员工工作的主动性和创造性，形成人尽其才、才尽其用的良性局面。

营造开放包容、充满活力的企业文化氛围，是吸引和留住优秀人才的内在要求。优秀的企业文化能够增强员工的认同感和归属感，激发其爱岗敬业、无私奉献的精神。在文化建设中，企业要以社会主义核心价值观为引领，倡导创新进取、开拓进取的时代精神。同时，还要根据企业自身特点和发展需要，凝练独特的价值理念和行为准则，使之内化为全体员工的自觉追求。比如，鼓励员工发扬工匠精神，在平凡的岗位上追求卓越；倡导“产品是人品”的质量意识，在点滴细节中彰显价值追求。这些弥足珍贵的文化内涵，犹如一支支精神火炬，照亮了前行的道路，凝聚起攻坚克难、砥砺奋进的强大力量。

三、传统产业绿色转型措施

（一）绿色生产技术应用

绿色生产技术的应用是传统产业绿色转型的关键举措。面对日益严峻的环境问题和资源约束，传统产业必须加快绿色技术创新和应用步伐，实现生产方式的根本性转变。只有大力推广清洁生产、循环利用等先进技术，提高资源利用效率，减少污染物排放，才能走出一条环境友好、经济高效的可持续发展之路。

传统产业应用绿色生产技术，首先要立足于工艺流程的优化和改造。通过引进先进的生产设备，改进生产工艺，减少原料消耗，提高能源利用效率，可以从源头上减少污染物的产生。例如，在化工生产中应用新型催化剂和反应器，不仅能够提高产品收率，还能显著降低“三废”排放量。这些工艺改造不仅具有显著的环境效益，而且能够降低企业的生产成本，实现环境保护与经济效益的双赢。

传统产业还应重视资源的高效利用和循环使用。通过建立企业间的产业链条，推动资源的梯级利用和循环利用，可以最大限度地发挥资源价值，减少废弃物的产生。例如，化工企业可以将生产过程中产生的废热、废气、废渣等副产物转化为其他企业的原料或能源，实现资源的多级循环利用。又如，造纸企业则可以利用农作物秸秆、废纸等可再生资源替代木材原料，减少对森林资源的消耗。这种循环经济模式不仅能够节约资源，还能带动相关产业的发展，形成产业园区内企业间的协同效应。

绿色生产技术的应用还需要全员参与、规范管理。企业应加强员工的环保意识培训，提高其操作技能和管理水平，确保各项环保设施、工艺得到有效运行。同时，还要制定严格的环境管理制度，加强生产全过程的污染控制和监测，及时发现和解决环境问题。企业还应积极引入清洁生产审核、ISO14000 环境管理体系等先进管理工具，建立起规范化、制度化的环境管理长效机制。只有全员参与、各负其责，才能形成绿色生产的良性互动，推动企业的绿色转型。

（二）资源节约与循环利用

资源节约与循环利用是传统产业实现绿色转型的关键路径。为了推动经济结构调整和产业转型升级，必须树立“资源是有限和宝贵的，应当节约集约利用”的理念，把资源节约和循环利用作为调整产业结构、转变发展方式的突破口。

对传统产业而言，推行资源节约与循环利用，首先要在生产工艺和流程上下功夫。传统生产模式存在资源利用效率低下、“三废”排放量大等突出问题。为此，企业要积极引进先进的清洁生产技术，优化生产工艺和流程，最大限度地降低原材料、能源、水资源的消耗，提高资源利用效率。同时，还要强化生产全过程管理，减少“跑冒滴漏”等各种浪费现象，把节约落实到每一个环节。

其次要大力发展循环经济，提高资源的重复利用率。传统产业在生产过程中会产生大量废弃物，造成严重的资源浪费和环境污染。发展循环经济就是要改变这种单向流动的物质代谢模式，实现资源的多级利用和循环利用。企业要加强废弃物的收集和处理，将其转化为再生资源重新投入生产，形成“资源—产品—再生资源”的闭环流动。同时，还要延伸产业链条，加强上下游企业间的协作，推动副产品和废弃物的交叉利用，提高资源综合利用水平。

最后要创新体制机制。政府要加大财税、金融等方面的政策支持，引导企业增加节能环保投入，推广资源节约型、环境友好型生产模式。还要完善资源有偿使用和生态补偿制度，促进自然资源价格机制改革，提高资源要素价格，倒逼企业加快绿色转型步伐。也要强化节能环保约束性指标管理，将资源消耗、环境损耗纳入干部政绩考核体系，形成有利于资源节约和循环利用的长效机制。

（三）环境污染控制

环境污染控制是传统产业绿色转型的重要内容，对于实现可持续发展具有重要意义。传统产业在生产过程中往往会产生大量的废水、废气、废渣等污染物，对生态环境造成严重破坏。因此，加强环境污染控制，减少污染物排放，已经成为传统产业转型升级的迫切需求。

在环境污染控制方面，企业需要从源头抓起，优化生产工艺，减少污染物的产生。这需要企业加大技术改造力度，引进先进的清洁生产技术，提高资源利用效率，最大限度地减少污染物的排放。同时，企业还应加强生产过程管理，建立健全环境管理体系，严格控制生产过程中的污染物排放，确保达标排放。

末端治理是环境污染控制的一个重点。企业需要加强污染治理设施建设，提高污染物处理能力。例如，对于废水，企业应建立完善的废水处理系统，采用物化法、生物法等多种处理工艺，确保达标排放；又如，对于废气，企业应优化除尘、脱硫、脱硝等治理设施，提高废气处理效率；再如，对于固体废物，企业应加强分类收集和无害化处理，促进资源化利用。

在环境污染控制中，监测与预警也不可或缺。企业应建立完善的环境监测体系，实时监控污染物排放情况，及时发现环境风险，采取有效措施加以控制。同时，企业还应加强与环保部门的沟通与协作，主动接受监督检查，积极配合环境执法。

资金投入是保障环境污染控制的重要基础。企业应加大环保投入，为污染治理提供必要的资金支持。政府也应加大财政支持力度，完善环保税费政策，引导和鼓励企业加强环境污染控制。金融机构应创新绿色金融产品和服务，为企业的环保项目提供低成本、便利化的融资渠道。

四、传统产业市场竞争力增强方法

（一）品牌建设与推广

对于传统产业而言，品牌建设与推广是增强市场竞争力的关键举措。在当前经济全球化和市场竞争日益激烈的背景下，打造优质品牌已经成为企业生存发展的必由之路。然而，许多传统产业在品牌意识和品牌经营方面仍然存在诸多不足，难以适应新形势下的市场竞争需求。因此，推动传统产业品牌建设，提升品牌价值和影响力，已经成为产业转型升级的重要任务。

品牌建设首先要立足产品质量，这是赢得消费者信赖的基础。传统产业要想打造优质品牌，必须从源头抓起，严把原材料采购、生产加工、质量检验等关键环节，确保产品质量达到甚至超过行业标准和消费者期望。只有以过硬的产品质量为依托，品牌才能赢得市场的认可和青睐。同时，品牌建设还需要与时俱进，紧跟消费趋势和市场需求的变化，不断优化产品设计、改进生产工艺，推出契合消费者需求的新产品。唯其如此，才能保持品牌的生命力和吸引力。

品牌推广是提升品牌影响力和美誉度的重要手段。传统产业要善于运用现代营销理念和方式，全方位、多渠道地宣传推广品牌。一方面，要充分利用广告、公关、促销等传统营销手段，加大品牌宣传力度，提高品牌知名度和认知度。另一方面，要积极拥抱互联网，利用数字营销、社交媒体营销等新兴营销方式，与消费者进行更加直接、互动的沟通，增强用户黏性和忠诚度。此外，品牌推广还应注重公益营销、体验营销、情感营销等创新营销模式的运用，通过丰富多彩的营销活动，拉近与消费者的距离，塑造品牌的社会形象和文化内涵。

（二）产品质量提升

产品质量是企业赢得市场竞争的关键。在激烈的市场竞争环境下，产品质量已经成为企业生存和发展的生命线。只有不断提升产品质量，才能赢得消费者的信赖，扩大市场份额，实现企业的可持续发展。对于传统产业而言，提升产品质量更是实现转型升级、增强市场竞争力的重要途径。

传统产业多为劳动密集型产业，长期以来主要依靠低成本优势参与市场竞争。然而，随着社会经济的发展和消费需求的升级，单纯依靠价格优势已难以适应市场变化。消费者对产品质量提出了更高要求，愿意为高质量的产品支付溢价。这就要求传统产业必须转变经营理念，将质量提升作为转型发展的突破口。

产品质量提升需要企业在生产的各个环节进行系统优化。首先，要加强原材料的质量控制。优质的原材料是保证产品质量的前提。企业应建立完善的供应商管理体系，从源头把控原材料质量，确保所用材料符合相关标准和要求。其次，要优化生产工艺流程。先进的生产工艺是提升产品质量的关键。企业应加大技术研发投入，引进自动化、智能化生产设备，减少人工干预，提高生产效率和稳定性。再次，要强化过程质量控制。精细化的过程管理是保证产品质量的有效手段。企业应建立健全质量管理体系，严格执行相关标准，加强关键工序的监测和控制，及时发现和解决质量问题。最后，要提升检测能力。完善的检测体系是保障产品质量的最后一道防线。企业应配备先进的检测设备，制定科学的检测标准，对产品进行全面、严格的质量检验，确保只有合格品流向市场。

产品质量的提升离不开技术创新的支撑。传统产业要实现高质量发展，必须加快技术升级步伐，推动产品向高端化、差异化方向发展。一方面，要加强与科研院所、高校的产学研合作，引进先进技术成果，提升产品科技含量；另一方面，要发挥企业主体作用，加大研发投入，围绕市场需求，开发新产品、新功能，丰富产品种类，满足消费者的个性化需求。

（三）市场营销策略

随着经济全球化和市场竞争的加剧，企业面临着前所未有的挑战和机遇。在这一背景下，如何增强传统产业的市场竞争力，已经成为一个亟待解决的重大课题。市场营销策略的创新和优化，无疑是破解这一难题的关键所在。

1. 树立现代营销理念

传统产业要在激烈的市场竞争中赢得先机，就必须树立现代营销理念，准确把握消费者需求，精准定位目标市场。这需要企业深入分析市场环境和消费者行为，根据产品特点和目标客户群体，制定差异化的营销策略。同时，企业还要善于利用新媒体、大数据等现代营销工具，提高营销的精准度和有效性。只有紧跟时代步伐，不断创新营销模式和手段，传统产业才能在市场竞争中立于不败之地。

2. 品牌建设

一个响亮的品牌，不仅能够提高产品的知名度和美誉度，更能为企业带来丰厚的品牌溢价。因此，传统产业要高度重视品牌战略，通过品牌定位、品牌传播、品牌管理等一系列措施，塑造鲜明的品牌形象，培育忠诚的客户群体。在品牌建设过程中，企业要坚持诚信经营、质量至上的原则，以优质的产品和服务赢得消费者的信赖和认可。只有打造出一流的品牌，传统产业才能在市场竞争中赢得主动，实现可持续发展。

3. 产品创新

面对日新月异的市场需求，企业必须以消费者为中心，不断推陈出新，开发出满足消费者需求的新产品、新服务。这就要求企业加大研发投入，完善创新机制，鼓励全员参与创新。同时，企业还要积极借鉴国内外先进经验，紧跟行业发展趋势，推动产品升级换代。

4. 渠道创新

随着电子商务的蓬勃发展，线上线下融合已经成为大势所趋。传统产业要顺应这一趋势，积极拓展线上销售渠道，利用互联网平台拓宽销售网络，提高市场覆盖率。同时，企业还要优化线下渠道布局，完善销售网点建设，为消费者提供便捷、舒适的购物体验。只有构建起立体化、多元化的营销渠道体系，传统产业才能最大限度地触达目标客户，提升市场占有率。

5. 服务创新

在消费升级的大背景下，消费者对产品的附加服务提出了更高要求。因此，传统产业要从产品销售向服务营销转型，为客户提供全方位、个性化的服务。这就需要企业建立完善的客户关系管理系统，深入了解客户需求，提供贴心周到的售前、售中、售后服务。同时，企业还要注重服务品质的提升，通过标准化、精细化管理，为客户带来高品质的服务体验。

第二节 新兴产业培育与发展

一、新兴产业的识别与选择

（一）识别标准

新兴产业的识别标准是经济结构优化升级中一个关键而复杂的议题。传统产业分类方法已经难以适应新经济时代产业形态的快速演变，亟须建立科学、动态的新兴产业识别标准体系。这一体系应立足产业发展规律，兼顾理论创新和实践需要，为新兴产业的培育、引导和管理提供决策参考。

从理论层面来看，新兴产业识别标准的构建需要借鉴多学科知识，融合经济学、管理学、统计学等学科的最新研究成果。一方面，要深入把握新兴产业的内涵特征，如技术创新驱动、高成长潜力、强溢出效应等，设计出符合这些特征的定量和定性指标；另一方面，要研究新兴产业的成长规律和演化路径，分析其在不同发展阶段的识别重点，提出动态评估和调整机制。只有不断地完善理论方法，识别标准才能更加科学合理。

从应用层面来看，新兴产业识别标准还要充分考虑现实可操作性，切实发挥政策引导和产业管理的作用。一是要因地制宜，根据不同区域和行业的特点，设置差异化的识别标准和权重，提高识别的针对性和实效性；二是要动态调整，建立健全新兴产业统计监测体系，及时捕捉产业发展新动向，适时优化调整识别指标；三是要注重实践检验，通过试点示范、第三方评估等方式，评估识别标准的合理性和可行性，并在实践中不断修正完善。只有在运用中不断升华，识别标准才能更好地指导实践。

（二）选择方法

新兴产业的培育与发展必须遵循科学的选择方法，以确保资源的优化配置和产业发展的可持续性。立足区域经济基础和资源禀赋，进行系统的潜力评估和动态监测，是新兴产业选择的重要前提。通过对区域自然资源、人力资本、技术基础、市场需求等要素的综合分析，识别出在区域具有比较优势和发展潜力的产业领域，进而有的放矢地制定针对性的扶持政策和发展规划。

同时，新兴产业选择还应充分借鉴国内外先进经验，立足全球视野，把握产业发展大势。深入研究国际产业分工体系演变规律和全球产业链重构态势，积极嵌入全球创新网络，引进消化吸收国外先进技术和管理模式，提升产业发展的广度和深度。对标国内先进地区，系统梳理和对比分析其在新兴产业培育方面的成功做法和经验教训，找准自身差距和短板，有针对性地加以完善。

产业关联度分析是新兴产业选择的另一重要方法。通过投入产出表等工具，测度不同产业部门之间在投入、产出、技术等方面的相互关系，评估拟选择新兴产业与区域原有产业体系的匹配度和带动力。优先发展关联度高、带动性强的新兴产业，有助于发挥集聚效应，促进产业融合，催生新的经济增长点。在此基础上，还要注重不同层级新兴产业的有机衔接，科学布局产业链上下游环节，打造特色鲜明、优势互补的新兴产业集群。

在新兴产业选择过程中，还应高度重视技术创新驱动作用，把握新一轮科技革命和产业变革趋势。紧跟信息技术、生物技术、新材料、新能源等领域的前沿进展，探索性地布局一批代表未来发展方向的新兴产业，抢占先发优势。充分运用大数据、人工智能等手段，提高产业发展的精准性和前瞻性，增强应对不确定性的能力。同时，还要防止盲目跟风和重复建设，立足区域实际，避免同质化竞争。

二、新兴产业的支持与激励体系

（一）创业环境优化

创业环境优化是培育和发展新兴产业的基础性工作。一个良好的创业环境能够为创新创业主体提供充足的资源、政策支持和发展空间，激发全社会的创新创业活力，推动新兴产业不断涌现和成长。反之，创业环境的缺失或不足，则会成为新兴产业发展的瓶颈。

创业环境的优化需要从硬环境和软环境两个方面入手。硬环境主要包括创业基础设施、创业服务平台、创业孵化载体等，为创新创业活动提供物质保障。例如，政府可以加大对众创空间、孵化器、加速器等创业孵化平台的建设力度，为创业者提供低成本、便利化、全要素的创业服务。同时，政府还可以完善科技创新基础设施，建设公共技术服务平台、产业技术研究院等，为新兴产业发展提供强大的科技支撑。

软环境则涉及创业文化、创业教育、创业政策等无形因素，对于营造创新创业的社会氛围至关重要。首先，要大力弘扬创新创业文化，营造鼓励创新、包容失败的社会氛围。通过典型示范、宣传引导等方式，塑造创新创业典型，讲好创新创业故事，激发全社会的创业热情。其次，要加强创业教育，提升劳动者的创新创业能力。针对不同群体开展系统化、差异化的创业培训，普及创业知识，传授创业技能，为新兴产业培育高素质的创业人才。最后，要制定精准有效的创业扶持政策，为创业者排忧解难。在资金扶持、税收优惠、人才引进、知识产权保护等方面给予政策倾斜，为初创企业成长壮大创造有利条件。

（二）财税激励

财税激励是促进新兴产业培育与发展的重要抓手。科学合理的财税政策能够有效降低企业经营成本，增强企业市场竞争力，为新兴产业的成长壮大创造良好环境。从财政支持的角度来看，政府可以通过设立专项资金、给予研发补贴、提供贷款贴息等方式，为新兴产业企业提供直接资金支持。这些资金既可用于支持企业研发创新活动，加快关键核心技术突破；也可用于支持企业扩大再生产，实现规模化发展。同时，政府还可以通过政府采购、订单支持等方式为新兴产业企业提供稳定的市场需求，帮助其抢占市场先机，实现快速发展。

从税收优惠的角度来看，减税降费是激励新兴产业发展的有效手段。一方面，政府可以针对新兴产业企业实施普惠性减税政策，如降低企业所得税税率、提高研发费用加计扣除比例等，以减轻企业税收负担，提升其盈利水平和研发投入能力。另一方面，政府还可以针对新兴产业的特点，出台专项税收优惠政策。例如，对于高新技术企业，可给予企业所得税优惠；又如，对于节能环保企业，可实行增值税即征即退；再如，对于集成电路设计和软件企业，可实施企业所得税五年免两年减半优惠。这些针对性的税收优惠政策，能够精准刺激新兴产业发展，发挥“四两拨千斤”的效果。

在运用财税政策支持新兴产业发展的过程中，还需注重发挥政策的导向作用和乘数效应。一方面，财税政策的制定应与国家战略、产业政策相协调，引导资源要素向战略性新兴产业、高技术产业集聚，推动产业结构优化升级。同时，财税政策还应鼓励新兴产业企业加大研发投入，引导其向高附加值、高技术含量的方向发展。另一方面，政府还应创新财税支持方式，发挥财政资金的杠杆撬动作用。例如，通过政府和社会资本合作（Public－Private Partnership PPP）模式，撬动更多社会资本投向新兴产业领域；又如，运用财政资金设立产业投资基金，引导社会资本进入新兴产业初创企业，为其发展提供资金支撑。

三、新兴产业的技术创新与研发

（一）创新平台

创新平台是推动新兴产业技术创新与研发的重要基础设施。它通过汇聚高校、科研院所、企业等多方创新资源，为产学研合作提供了交流互动的空间。在创新平台中，不同主体可以充分发挥各自优势，实现优势互补、资源共享，从而有效促进科技成果的转化应用。

创新平台的建设需要政府、企业、高校、科研机构等多方协同发力。政府应发挥引导作用，加大财政投入力度，完善相关政策法规，营造良好的创新生态环境。企业作为技术创新的主体，要增强创新意识，加大研发投入，积极参与创新平台建设。高校和科研院所要发挥人才和技术优势，加强与企业的对接合作，推动科研成果的产业化应用。

同时，创新平台的运营管理也至关重要。平台要建立健全的组织管理体系，完善各项运行机制，提供全方位的服务支持。要注重人才队伍建设，吸引和培养高层次创新人才。要加强知识产权保护，激发创新主体的积极性。要开展多种形式的交流合作活动，促进不同创新主体之间的信息共享和资源整合。

此外，创新平台还要与国际先进水平接轨，积极参与全球创新网络。通过与国外优秀创新平台的交流合作，学习借鉴先进经验，提升自身的创新能力和国际影响力。可以考虑与国外知名高校、研究机构建立联合实验室，开展人才培养和科研合作；与国际领先企业开展技术交流与合作，引进消化吸收先进技术，实现创新能力的提升。

（二）研发投入

新兴产业的技术创新与研发是推动产业转型升级的关键动力。研发投入是新兴产业实现技术创新的重要保障，它既包括资金投入，也涉及人才、设备、信息等创新资源的投入。充足、持续的研发投入是新兴产业保持竞争优势、实现可持续发展的基础。

从投入规模来看，世界主要发达国家和地区高度重视新兴产业的研发投入。以美国为例，据统计，其高技术产业的研发经费占全部制造业的比重已超过70％。而我国战略性新兴产业的研发投入强度虽然逐年提高，但与发达国家相比仍存在较大差距。这就要求我国加大对新兴产业的投入力度，为其发展提供强有力的资金和资源支持。

从投入结构来看，新兴产业的研发投入应兼顾基础研究和应用开发。一方面，基础研究是原始创新的源泉，也是抢占未来技术制高点的前提。因此，国家和地方政府要加大对新兴产业基础研究的支持力度，鼓励企业与高校、科研院所开展产学研合作，突破关键核心技术。另一方面，应用开发直接服务于产业发展，是推动科技成果转化、实现产业化的关键环节。要引导企业加大应用开发投入，完善试验、中试等配套条件，加快新技术、新产品的开发和推广应用。

从投入主体来看，新兴产业的研发投入需要发挥企业主体作用，同时加强产学研用协同创新。企业作为市场主体和创新主体，要成为研发投入的主力军。政府部门应完善财税、金融等政策，激励企业加大研发投入。同时，还要发挥高校、科研院所的基础研究和人才培养优势，围绕产业发展需求，与企业共建联合实验室、研发中心等创新平台，实现优势互补、资源共享。

从投入方式来看，新兴产业的研发投入应注重多元化、市场化。除了政府财政拨款，还要积极拓展社会资本、风险投资等多元化投融资渠道。鼓励天使投资、创业投资等市场化投资方式，为新兴产业研发提供持续、稳定的资金支持。同时，还要完善科技金融服务体系，创新投融资模式，打破企业“融资难、融资贵”等瓶颈。

第三节　产业融合与协同发展

一、产业链延伸与价值链提升

（一）产业链延伸策略

产业链延伸是现代产业发展的必然趋势，也是推动经济结构优化升级的重要策略。在全球化时代背景下，单一产业很难在激烈的市场竞争中立足，只有通过延伸产业链条，实现产业间的协同发展，才能增强企业和产业的核心竞争力。

从纵向角度来看，产业链延伸可以分为向前延伸和向后延伸两种类型。向前延伸是指企业将业务拓展到上游原材料供应、研发设计等领域，通过掌控上游资源，降低生产成本，提高产品质量和附加值。例如，服装企业可以向上游延伸到面料生产、印染加工等环节，通过自主研发面料，提升服装的功能性和差异化，增强品牌影响力。向后延伸则是指企业将业务拓展到下游销售渠道、售后服务等领域，通过贴近消费者需求，提供个性化、多样化的产品和服务，增强客户黏性和忠诚度。例如，家电企业可以向下游延伸到物流配送、安装维修等环节，通过提供一站式服务，提升客户体验和满意度。

从横向角度来看，产业链延伸还可以实现跨行业、跨领域的融合发展。在技术进步和消费升级的推动下，传统的产业边界日益模糊，跨界融合成为产业发展的新趋势。企业可以利用自身的技术、品牌、渠道等优势，向相关或互补的行业延伸，实现资源共享、优势互补，从而开拓新的市场空间。例如，互联网企业可以延伸到传统零售、金融、医疗等行业，利用大数据、人工智能等技术，为传统行业赋能，创造新的商业模式和价值增长点。

实现产业链有效延伸的关键在于企业的战略规划和资源整合能力。企业需要深入分析产业发展趋势和市场需求变化情况，准确把握自身优势和不足，选择合适的延伸方向和路径。同时，企业还需要加强资源的优化配置和统筹管理，建立健全的组织架构和管理体系，促进各业务环节的协同运作。特别是在跨界延伸时，企业更需要重视文化融合、人才培养等软实力的提升，营造良好的创新生态和发展环境。

（二）价值链提升路径

价值链是一个企业通过一系列活动创造和传递价值的过程，包括研发、设计、生产、销售等环节。在新经济时代，提升价值链已成为企业实现可持续发展、增强核心竞争力的关键。这就要求企业审视自身的价值创造过程，优化各个环节，实现价值链的升级。

1. 加强创新驱动

创新不仅是价值链的源头，更是推动企业发展的根本动力。企业要立足自身优势，加大研发投入，突破关键核心技术，开发出具有自主知识产权的新产品、新服务。同时，企业还要注重商业模式创新，通过探索新的盈利方式，为客户提供更大价值。只有不断创新，企业才能在价值链的高端占据优势地位。

2. 优化业务流程

传统的业务流程往往存在环节冗余、效率低下等问题，制约着企业的发展。因此，企业要借助信息技术手段，对业务流程进行梳理和优化，压缩无效环节，提高运营效率。例如，企业可以利用大数据技术优化供应链管理，实现精准采购和库存控制；利用自动化技术改造生产线，提高产品质量和生产效率；利用数字化营销手段精准触达客户，提升营销转化率。流程优化不仅能够降低企业运营成本，更能够提升客户体验，为价值链升级奠定基础。

3. 打造生态圈

在数字经济时代，企业不再是孤立的个体，而是处于一个动态的商业生态系统之中。因此，企业要着眼于生态圈的构建，通过整合上下游资源，与合作伙伴建立紧密的联系，实现优势互补、互利共赢。例如，企业可以通过开放式平台吸引更多开发者加入，共同丰富产品和服务；通过战略联盟拓展新的市场和渠道；通过产业基金投资初创企业，把握新兴技术和商业机会。生态圈的打造不仅能够扩大企业的资源禀赋，更能够增强其应对环境变化的韧性和灵活性。

4. 培育核心能力

核心能力是企业获得持续竞争优势的根本所在，是其他企业难以模仿和超越的优势。因此，企业要立足自身禀赋，培育独特的核心能力，并将其嵌入价值链的各个环节之中。例如，华为通过持续的研发投入和技术积累，形成了强大的通信技术能力；海尔通过“人单合一”模式，形成了以用户为中心的个性化定制能力；阿里巴巴通过数据驱动和平台经济，形成了卓越的数字化运营能力。这些核心能力不仅支撑了企业的差异化竞争，更成为其价值链升级的有力抓手。

二、产业集群与区域经济协同

（一）产业集群的形成

产业集群是区域经济发展的重要推动力，它通过相关企业和机构在地理空间上的聚集，形成专业化分工与协作网络，产生规模经济和外部经济效应，从而提升区域产业竞争力。产业集群的形成是一个动态演化的过程，需要特定的区位条件、产业基础、制度环境等多重因素的综合作用。

1. 区位条件

合适的地理位置、便利的交通条件、充足的资源禀赋等，都会吸引相关产业在特定区域集聚。例如，深圳毗邻香港，拥有优越的区位优势，为电子信息产业的发展提供了得天独厚的条件。20 世纪 80 年代，一批港商企业到深圳投资设厂，带动了电子元器件、通信设备等产业的集聚，奠定了深圳电子信息产业的基础。如今，深圳已成为我国乃至全球电子信息产业的重要集聚地，形成了完整的产业链和配套体系。

2. 产业基础

一个地区在特定产业领域积累的技术、人才、资本等资源，构成了产业集群形成的内生动力。这些产业基础通过关联效应和示范效应，不断吸引新的企业进入，推动产业集群的扩张和升级。以浙江省温州市为例，其拥有深厚的民营经济基础，形成了众多特色产业集群。其中，瓯海区的泵阀产业集群源于 20

世纪60年代的农业机械修造，经过多年发展，已成为中国最大的泵阀生产基地，拥有上千家企业，产品远销海内外。正是基于雄厚的产业基础，温州的泵阀产业集群不断吸引上下游企业和相关机构的加入，进而推动了集群的快速成长。

3. 制度环境

良好的制度环境，包括政策支持、市场机制、法治建设等，有利于降低交易成本，激发企业家精神，为产业集群的形成创造有利条件。以广东省中山市古镇镇为例，古镇镇拥有良好的制度环境，是中国最大的灯饰产业集群之一。当地政府高度重视产业发展，出台了一系列支持政策，包括税收优惠、创新扶持、品牌建设等，极大地激发了企业的积极性。同时，古镇镇还建立了专业灯饰市场，为企业提供交易、展示的平台，促进了产业集群内部的分工协作。在政府引导和市场机制的双重作用下，古镇镇灯饰产业集群不断发展壮大，形成了门类齐全、配套完善的产业体系。

4. 科技创新、人力资本

科技创新是推动产业集群升级的重要力量，通过新技术、新工艺的应用，可以提高集群内企业的生产效率和产品质量，增强集群的整体竞争力。而人力资本则是支撑产业集群可持续发展的基石，掌握专业技能和管理经验的人才队伍，是产业集群保持活力和创新力的关键。以上海张江高科技园区为例，张江园区高度重视科技创新和人才引进，已集聚了大批高科技企业和科研机构，形成了集成电路、生物医药等高科技产业集群。园区内建有国家级实验室、孵化器、加速器等创新平台，为企业提供技术支持和服务。同时，张江还引进了大量国内外高层次人才，为产业集群的发展提供了充足的智力支撑。在科技创新和人才集聚的推动下，张江高科技园区已成为中国乃至亚洲最具影响力的高科技产业集聚区之一。

（二）区域经济协同策略

区域经济协同发展是推动经济结构升级、实现高质量发展的重要策略。在新发展阶段，加快构建新发展格局，需要立足区域资源禀赋，发挥比较优势，推动区域分工协作和产业链整合，形成区域经济协同发展新局面。这不仅有利于集聚创新资源，提升产业竞争力，也有助于优化空间布局，缩小区域发展差距。

1. 强化顶层设计和统筹协调

国家层面应加强宏观指导，制定区域协同发展的总体规划和政策措施，明确区域功能定位和发展方向。地方政府要主动作为，加强跨区域合作，建立健全协同发展机制，形成推动区域经济一体化的强大合力。同时，还要发挥市场在资源配置中的决定性作用，完善区域利益补偿机制，调动各方参与区域合作的积极性。

2. 找准突破口和着力点

一方面，要充分发挥各地区的比较优势，推动优势互补、错位发展。东部地区要发挥人才、技术、资金等要素优势，加快培育发展新动能，引领并带动全国经济高质量发展。中西部地区要立足资源禀赋，大力发展特色优势产业，加快承接产业转移，提升产业链水平。另一方面，要聚焦重点领域，打造区域协同发展的增长极。围绕国家重大区域发展战略，加强重大基础设施互联互通，共建产业集群和创新平台，提高公共服务共建共享水平，提高区域经济韧性和活力。

3. 注重创新驱动和开放合作

创新是引领发展的第一动力，区域协同发展要把创新摆在核心位置，深化区域创新合作，共建协同创新共同体。加快建设区域性创新中心和产业创新中心，促进科技成果转化应用，提升区域创新能力。同时，还要坚持开放发展，加强与国际产能合作，推动区域经济深度融入全球产业链和供应链，提高在全球价值链中的地位和影响力。积极参与“一带一路”建设，打造内陆开放高地，构建面向全球的区域经济合作新格局。

三、共享经济与平台经济的融合

（一）共享经济模式

共享经济模式作为一种新兴的经济形态，正在深刻改变着人们的生产生活方式。它通过利用闲置资源，优化资源配置，降低交易成本，为经济发展注入了新的活力。共享经济的本质是通过技术手段和商业模式创新，实现社会资源的高效利用和价值最大化。在这一过程中，互联网平台发挥着关键作用，它连接了供需双方，打破了时间和空间的限制，极大地提高了资源配置效率。

从资源利用的角度来看，共享经济有助于盘活社会闲置资源，提高资源使用效率。在传统经济模式下，大量资源处于闲置状态，造成了严重的浪费。而共享经济通过共享闲置房间、车辆、办公空间等，使这些资源得到充分利用，创造了更多价值。同时，资源共享也降低了个人拥有资源的成本，使更多人能够享受到优质服务，促进了社会公平。

从产业发展的角度来看，共享经济催生了许多新业态、新模式，为产业转型升级提供了新路径。传统行业通过与共享经济深度融合，不断创新商业模式，重塑产业链和价值链，实现了转型发展。例如，传统制造业引入共享模式后，通过共享设备、技术、数据等，实现了柔性化生产和个性化定制，提升了产品和服务质量。共享经济还推动了创新创业，许多新兴企业依托共享平台快速成长，成为行业新秀和颠覆者。

从消费升级的角度来看，共享经济满足了人们多样化、个性化的消费需求。在共享经济模式下，消费者可以根据自己的需求灵活选择服务，进而享受更优质、更便捷的消费体验。同时，共享平台也积累了海量用户数据，通过大数据分析和智能算法，为用户提供个性化推荐和定制化服务，提升了消费满意度。共享经济还培育了崭新的消费理念，越来越多的人开始追求简约、环保的生活方式，注重品质而非拥有，推动了消费行为的升级。

（二）平台经济发展

平台经济作为数字经济时代的新兴业态，正以其独特的优势和魅力吸引着越来越多的关注。它以互联网为基础，通过搭建数字化平台，连接分散的供需双方，实现资源的优化配置和价值的高效创造。在经济结构转型升级的大背景下，平台经济无疑为传统产业注入了新的活力，成为推动经济高质量发展的重要力量。

平台经济的崛起离不开技术进步的助推。移动互联网、大数据、云计算等新一代信息技术的广泛应用，为平台经济的发展提供了坚实的基础。借助这些技术，平台企业能够实时采集和分析海量数据，深入洞察用户需求，从而为其提供更加精准、高效的服务。同时，平台还能够通过算法优化，智能匹配供需信息，大幅提升交易效率，降低交易成本。正是依托先进技术，平台经济才得以快速崛起，重塑了诸多传统行业的商业模式和竞争格局。

平台经济的核心优势在于其强大的网络效应和规模效应。通过聚集大量用户，平台能够产生正向的网络外部性，吸引更多的供给方加入，从而形成良性循环。用户规模的不断扩大，又为平台带来了规模经济效益，使其在采购、运营等方面享有成本优势。这种“滚雪球”式的增长模式，使得头部平台企业往往能够在竞争中脱颖而出，建立起难以撼动的行业地位。这也解释了为何在电商、网约车、外卖等领域，往往是少数几家巨头占据了大部分市场份额。

平台经济不仅推动了商业模式的创新，也深刻影响了就业形态和劳动关系。以共享经济为例，滴滴、美团等平台的兴起，催生了大量灵活就业岗位，为劳动者提供了更多选择。平台用工模式打破了传统的雇佣关系，工作者以更加自主灵活的方式参与工作，但同时也面临着社会保障、权益保护等新的挑战。这就要求在发展平台经济的同时，加快健全相关法律法规和政策体系，维护新就业形态劳动者的合法权益。

平台经济的蓬勃发展，也对监管治理提出了新的要求。行业垄断、数据安全、消费者权益保护等问题，都考验着监管者的智慧和能力。一方面，要鼓励创新，营造良好的制度环境，为平台经济的健康发展保驾护航；另一方面，也要加强监管，防止资本无序扩张，维护市场公平竞争秩序。建立适应平台经济特点的监管规则和体系，既是规范产业发展的需要，也是维护各方主体利益的关键。

四、产业生态系统的构建与优化

（一）生态系统构建要素

构建产业生态系统是实现经济结构优化升级、培育发展新动能的关键举措。产业生态系统是由产业链上下游企业、供应商、销售渠道、服务机构等利益相关者组成的有机整体，其健康发展有赖于系统内各要素的协同互动和动态平衡。

1. 产业链完整性

一个成熟的产业生态系统应该包括从上游原材料供应到下游终端产品销售的完整产业链条，各环节紧密衔接、高效协同。产业链的完整性不仅能够降低交易成本，提高资源配置效率，还能够增强产业抵御外部风险的能力。因此，推动产业链延伸、打造完整产业生态至关重要。企业应立足自身优势，通过兼并重组、战略合作等方式，积极向产业链上下游延伸，构筑起完整的“生态场域”。

2. 创新驱动

在新一轮科技革命和产业变革背景下，创新已成为引领产业生态系统发展的核心驱动力。一方面，技术创新能够催生新的产品、服务和商业模式，为产业生态注入新的生命力；另一方面，制度创新、管理创新等软实力的提升，则有助于优化产业生态系统运行的“软环境”。因此，深化创新驱动、增强创新能力应成为产业生态系统优化的重要抓手。高校、科研院所等创新资源应通过融入产业生态、开展协同创新，为产业发展提供持续动力；同时，企业也应加大研发投入，将创新作为驱动发展的引擎，推动产业生态不断焕发新的活力。

3. 开放共享理念

开放共享不仅是优化资源配置的需要，更是适应经济全球化的大势所趋。封闭僵化的产业格局难以适应日新月异的市场变化，唯有通过开放合作、互利共赢，才能增强产业生态系统的适应性和竞争力。具体而言，开放共享的理念需体现在三个层面：一是企业层面的开放共享，通过技术合作、市场开拓等方式，实现优势互补、互利共赢；二是区域层面的开放共享，打破地域藩篱，构建跨区域产业协作网络；三是全球层面的开放共享，主动融入全球产业分工体系，参与国际经济合作与竞争。唯有秉持开放共享的理念，才能构建起互联互通、合作共赢的产业生态系统。

4. 政策支持、金融支撑、人才保障

良好的政策环境是产业生态系统孕育生长的“沃土”，科学的规划与引导、有力的政策扶持，能够为产业发展铺就广阔的道路；多元化的金融服务是产业生态系统发展壮大的“活水”，能够为企业提供高效便捷的融资渠道，缓解其发展过程中的资金压力；优秀的人才队伍则是产业生态系统生生不息的“源泉”，为产业注入蓬勃的智力支持。因此，推进政产学研金介深度融合，打造“六位一体”的联动机制，能够为产业生态系统构建提供强有力的支撑。

（二）生态系统优化方法

产业生态系统的优化是一个动态、持续的过程，需要生态系统中各主体的协同努力和共同推进。

1. 构建开放、包容的创新环境

这意味着要打破传统的封闭式创新模式，鼓励产业链上下游企业、科研院所、高校等多元主体广泛参与，形成跨界协作、开放共享的创新生态。在这一过程中，政府应发挥引导和服务的作用，通过营造良好的制度环境，完善知识产权保护、成果转化等配套机制，激发各类创新主体的活力。

2. 促进资源要素的优化配置

这不仅包括物质资源如资金、技术、人才等的合理流动，还包括非物质资源如数据、信息、知识等的高效共享。通过建立产业联盟、共性技术平台、公共服务平台等，可以实现资源的集聚与共享，降低创新成本，提高资源利用效率。同时，还要注重人才队伍建设，加强产学研用合作，培养一批高素质、创新型、复合型人才，为产业生态系统的优化提供智力支撑。

3. 增强产业链协同和价值链提升

产业生态系统的优化不是简单的企业个体行为，而是产业链上下游企业协同演化的结果。通过加强产业链上中下游企业间的战略合作、技术协同和利益共享，可以实现优势互补，促进产业分工深化和协作水平提升。同时，还要着眼于全球价值链体系，积极参与国际产业分工，提升在全球产业生态系统中的地位和话语权。

4. 践行绿色发展理念

生态文明建设是新时代我国经济社会发展的重要内容，产业发展必须坚持绿色、低碳、循环的发展道路。这就要求在优化产业生态系统的过程中，注重节能减排、清洁生产、资源循环利用等，推动形成绿色供应链，培育发展绿色产业，构建人与自然和谐共生的现代化产业体系。只有坚持生态优先、绿色发展，才能实现产业生态系统的持续优化。

5. 构建现代产业治理体系

随着新一轮科技革命和产业变革的深入推进，产业生态日益复杂，传统的政府主导型治理模式已难以适应新形势与新要求。优化产业生态系统，必须加快构建政府、企业、社会多元共治的现代产业治理体系。在这一体系中，政府要加强顶层设计，完善产业政策和规划引导；企业要增强创新发展的主体意识，加强社会责任履行；社会组织要积极参与，发挥桥梁纽带作用。通过多元主体协同治理，共同推进产业生态系统持续优化。

第四章　产业转型与经济结构升级的保障措施

第一节　加强科技创新支撑

一、科技创新体系的构建

（一）创新体系的要素

创新体系是推动科技进步、促进经济社会发展的关键驱动力。它是由创新主体、创新资源、创新环境等要素构成的有机整体，通过要素间的相互作用和协同配合，实现知识的创造、应用和扩散，进而推动生产力的提升和社会的进步。

1. 创新主体

创新体系的核心要素是创新主体。企业、高校、科研院所等是创新活动的主要参与者和实施者，承担着技术创新、成果转化、人才培养等重要职能。一个健全的创新体系需要不同类型创新主体的协同参与，通过发挥各自的比较优势，形成分工合作、优势互补的创新格局。同时，创新主体还需要与政府、金融机构、中介服务等其他主体密切互动，构建起多元协同的创新网络。

2. 创新资源

创新资源是创新活动得以持续开展的物质基础。它主要包括人力资源、财政资金、科研设施等。人才是创新的根本动力，拥有一支规模适度、结构合理、素质优良的创新人才队伍是建设创新型国家的关键所在。财政资金投入是支撑创新活动的重要保障，政府应加大对基础研究、应用研究等领域的稳定支持，引导社会资本加大研发投入，为创新提供充裕的资金支撑。科研设施则为创新提供了必要的物质条件，若能共享开放的重大科研基础设施，则有助于汇聚创新资源，激发创新活力。

3. 创新环境

创新环境是影响创新绩效的外部因素。良好的创新文化氛围，完善的知识产权保护制度，便捷高效的科技服务体系，以及宽松有序的政策法规环境，都是构建良好创新生态的重要内容。营造鼓励创新、包容失败的社会氛围，加强知识产权创造、运用、保护，为科技成果转移转化提供便利化服务，营造公平竞争、开放、包容的市场环境，将有力激发全社会成员的创新动力，为创新发展提供肥沃的土壤。

（二）创新体系的运行机制

创新体系的运行离不开完善的机制保障。科技创新是一个系统工程，需要政府、企业、高校、科研机构等多方主体协同发力，从而形成合力。为此，必须建立健全科技创新的组织管理机制、投入保障机制、科研诚信机制等，为创新主体营造良好的制度环境。

1. 组织管理机制

组织管理机制是推动创新活动有序开展的重要保证。要建立健全科技管理体制，明确政府、企业、高校、科研机构等创新主体的功能定位和权责边界，形成分工合理、各司其职、协同高效的科技创新组织体系。政府作为科技创新的组织者和推动者，应加强顶层设计，制定科技创新的总体规划和政策措施，为创新主体提供制度保障和公共服务。同时，要发挥企业作为技术创新主体的关键作用，鼓励企业加大研发投入，建立健全企业技术创新机制，提升自主创新能力。高校、科研机构作为基础研究和应用基础研究的主力军，应加强学科建设，优化资源配置，为产业发展提供源头性创新支撑。

2. 投入保障机制

投入保障机制是科技创新可持续发展的物质基础。科技创新离不开大量的人力、物力、财力投入，因此需要建立多元化、多渠道的投入体系。一方面，政府要加大财政科技投入，设立科技创新专项资金，引导社会资本加大对科技创新的投入力度。另一方面，要建立以企业为主体、市场为导向的技术创新投入机制，充分发挥市场配置创新资源的决定性作用。同时，要完善金融支持科技创新的政策体系，拓宽科技型企业融资渠道，推动天使投资、风险投资等投资行业的发展，为科技创新提供持续稳定的资金保障。

3. 科研诚信机制

科研诚信机制是维护创新生态健康发展的重要基石。科研诚信是科技工作者的立身之本，是科技创新的生命线。要加强科研诚信教育，增强广大科技工作者的责任意识和诚信意识，自觉抵制学术不端行为。健全科研诚信管理制度，建立覆盖项目申报、评审、实施、验收全过程的科研诚信监管体系，强化科研活动全流程诚信要求。对违背科研诚信要求的行为，要建立黑名单制度，加大惩戒力度，净化创新环境。同时，还要完善同行评议、学术争鸣等机制，营造鼓励创新、包容失败的良好氛围。

4. 系统完备的知识产权保护机制

系统完备的知识产权保护机制是激发创新动力的关键因素。知识产权是科技创新的重要成果，是推动经济社会发展的战略性资源。要加快知识产权法律法规体系建设，构建科学合理的知识产权审查、确权、维权机制。强化知识产权司法保护，提高侵权违法成本，提升权利人维权便利化水平。加强知识产权运营和保护服务体系建设，完善知识产权信息公共服务平台，为创新主体提供高效便捷的知识产权公共服务。同时，还要推进知识产权国际合作，积极参与全球知识产权治理，维护我国知识产权海外利益。

二、技术转移与成果转化机制

（一）技术转移的模式

技术转移是将科研成果转化为现实生产力的重要途径，是推动科技创新、促进经济社会发展的关键环节。在现代社会，技术转移呈现出多样化、多层次、多主体的特点，其模式也日益丰富。从转移主体来看，技术转移既可以发生在高校、科研院所与企业之间，也可以在不同企业、不同产业部门之间进行。高校和科研院所作为科技创新的源头，拥有丰富的科技资源和人才优势，是技术转移的重要供给方。通过与企业建立产学研合作关系，高校和科研院所可以将实验室里的科研成果转化为具有市场价值的产品和服务，从而实现技术的产业化应用。

同时，企业作为技术转移的需求方和应用方，也在技术转移过程中发挥着越来越重要的作用。一方面，企业可以通过委托研发、合作研发等方式，与高校、科研院所共同开展科技攻关，解决生产经营中遇到的技术难题。另一方面，企业还可以通过并购、技术许可等方式，从其他企业获得所需的技术，实现跨企业、跨行业的技术转移。这种企业间的技术转移有利于推动产业间的技术扩散，促进产业升级和结构优化。

从转移内容来看，专利技术是技术转移的重要载体。专利作为一种知识产权，赋予专利权人在一定时间内独占并使用该项技术的权利。通过专利许可或专利转让，专利权人可以将这种独占权有偿转让给其他主体，实现技术的市场化运作。与专利技术转移相比，非专利技术转移更加灵活多样，包括技术秘密、技术诀窍、软件著作权等多种形式。这些非专利技术虽然不受法律保护，但凭借其独特性和实用性，在某些领域发挥着不可替代的价值。

从转移渠道来看，技术交易市场是技术转移的重要平台。在技术交易市场上，技术供给方和需求方可以直接对接，进行技术交易和信息交流。政府通过建立区域性、行业性的技术交易市场，为技术转移提供制度化的服务和保障。在线技术交易平台的兴起，进一步拓展了技术交易的时空边界，使得技术供需双方可以突破地域限制，实现更加高效便捷的技术融合。

（二）成果转化的路径

技术转移是成果转化的重要途径，它为科技成果的产业化应用提供了桥梁和纽带。但长期以来，我国科技成果转化率较低，很大程度上就是由于缺乏有效的技术转移机制。要充分发挥技术转移在成果转化中的关键作用，必须着力构建多元化、多层次的技术转移体系，拓宽技术转移渠道，完善相关政策环境，破除制约技术转移的体制机制障碍。

首先，应大力培育和发展技术交易市场，为技术转移搭建专业化、市场化的平台。成熟的技术交易市场能够有效地整合和配置创新资源，促进技术供需双方的精准对接，从而降低技术交易成本，提高交易效率。政府应加强顶层设计和政策支持，鼓励社会资本参与技术交易市场建设，扶持各类技术交易机构发展壮大。同时，要加快技术交易信息系统建设，提高技术供需信息的透明度和可获得性，为市场主体提供优质高效的服务。

其次，要充分发挥高校、科研院所在技术转移中的主力军作用。高校和科研院所是基础研究和应用研究的主力军，拥有丰富的科技成果储备和高水平研发团队。应进一步赋予高校、科研院所更大的人事、财务自主权，鼓励其深化产学研合作，加强其与产业界的对接联系。同时，要在高校、科研院所内部建立健全技术转移机构，配备专业化的技术经纪人队伍，积极开展技术推介、咨询、评估等服务，推动科技成果向现实生产力转化。

最后，要大力支持科技企业孵化器和加速器建设，促进初创科技企业的成长壮大。科技企业孵化器和加速器是技术转移和成果转化的重要载体，通过提供全方位、专业化的创业服务，帮助初创企业渡过发展初期的难关。政府应加大财政资金投入，并通过引导社会资本设立科技企业孵化投资基金，为初创科技企业提供持续稳定的资金支持。同时，要加强科技企业孵化器和加速器的专业化建设，提升服务能力和水平，切实增强对初创科技企业的吸引力和黏性。

三、创新平台与孵化器建设

（一）创新平台的类型

创新平台是推动科技创新、促进产业升级的重要载体。随着我国经济发展进入新常态，传统的创新模式已难以适应新形势下的创新需求。因此，建设功能完善、运行高效的创新平台，已成为加快推进创新驱动发展战略、实现产业转型升级的迫切需要。

从功能定位来看，创新平台可以分为基础研究平台、技术创新平台和成果转化平台等类型。基础研究平台主要依托高等院校、科研院所等，开展基础性、前瞻性的科学研究，为原始创新提供持续动力。这类平台注重人才培养和学科建设，通过搭建高水平的科研团队和实验条件，探索科学前沿，引领学科发展。技术创新平台则以企业为主体，针对行业共性技术问题，开展关键技术攻关和工程化研究。这类平台紧密对接产业需求，聚焦“卡脖子”难题，推动关键核心技术取得突破。成果转化平台则致力于推动科技成果向现实生产力转化，加速新技术、新产品的产业化应用。这类平台通过搭建产学研用协同创新机制，促进技术供需精准对接，助力科技成果落地转化。

从组织模式来看，创新平台呈现出多元化特征。一是政府主导型平台。政府发挥规划引导和政策支持作用，通过整合创新资源，打造区域性、行业性的重大创新平台，推动关键领域取得原创性突破。二是企业牵头型平台。龙头企业发挥引领作用，通过联合高校、科研院所等创新主体，组建产业技术创新战略联盟，开展协同攻关，提升产业创新能力。三是社会化众创平台。依托众创空间、孵化器等新型载体，搭建开放共享的众创生态，从而降低创新创业门槛，激发全社会成员的创新活力。四是国际合作型平台。积极参与全球创新网络，吸引海外高层次人才，共建国际联合实验室等高端创新平台，提升国际科技竞争力。

从区域布局来看，创新平台呈现出集聚化发展态势。依托区域创新资源禀赋，发挥比较优势，可形成若干特色鲜明、优势互补的区域创新高地。例如，京津冀地区依托雄厚的科教资源，重点布局前沿交叉学科和颠覆性技术创新平台；长三角地区发挥产业集聚优势，加快构建产业创新综合体；粤港澳大湾区对接国际创新网络，打造面向全球的区域协同创新共同体。同时，创新平台建设也向中西部地区纵深拓展，破解区域创新发展不平衡问题，培育新的区域增长极。

从服务模式来看，创新平台通过供给侧结构性改革，提供精准化、专业化服务。一是建立完善的创新服务体系。搭建公共技术平台、检验检测平台、知识产权服务平台等，为企业提供研发设计、检验检测、知识产权等全链条专业化服务。二是创新投融资模式。设立科技成果转化基金、天使投资基金等，为科技型中小企业提供包括股权投资、债权融资在内的多元化融资服务。三是完善人才培养机制。建立创新型人才培养基地，开展订单式培养，为行业发展输送紧缺人才。四是搭建开放协同机制。打通政产学研用各环节，促进创新链与产业链、资金链有效衔接，推动关键核心技术攻关和成果转化应用。

（二）孵化器的运营模式

科技孵化器作为推动科技成果转化、培育高新技术企业的重要载体，其运营模式对于孵化器的可持续发展和服务效能的提升具有决定性作用。当前，我国科技孵化器的运营模式呈现出多样化特征，总体上可以分为：政府主导型、市场化运作型和校企合作型。

1. 政府主导型孵化器

政府主导型孵化器由政府部门直接投资建设和管理，享有较为充足的政策资源和财政支持。这类孵化器通常定位于扶持初创科技企业，可降低创业风险和成本。但由于缺乏市场化机制，其运营效率和灵活性较低，难以适应瞬息万变的市场环境和企业需求。因此，政府主导型孵化器需要引入更多市场化因素，通过完善治理结构和激励机制，提高专业化服务水平。

2. 市场化运作型孵化器

市场化运作型孵化器由社会资本投资建设，以盈利为目的地开展孵化服务。这类孵化器注重市场需求导向，善于整合各类创新资源，能够提供个性化、专业化的增值服务。但由于其过度强调短期利益，可能忽视对初创企业的长期培育，导致孵化成功率不高。因此，市场化运作型孵化器需要平衡短期收益和长期发展，加强对入驻企业的筛选和风险管控，从而建立科学的绩效评估体系。

3. 校企合作型孵化器

校企合作型孵化器依托高校的人才、技术和设备优势，与企业共建共管，实现产学研一体化。这类孵化器有利于推动科技成果就地转化，为大学生创业提供良好的平台。但受制于体制机制障碍，校企合作往往流于形式，难以形成紧密的利益共同体。因此，校企合作型孵化器需要创新合作模式，完善利益分配机制，调动高校和企业的积极性，进而实现优势互补和共赢发展。

第二节　构建人才培养与激励机制

一、人才培养体系的构建

（一）教育培训体系

教育培训体系是推动人才培养、支撑产业转型升级的关键环节。在新时代背景下，构建与社会主义现代化建设相适应的教育培训体系，对于提升人力资源质量、培养高素质创新型人才具有重要意义。

1. 优化教育培训结构

当前，我国教育事业蓬勃发展，但不同层次、不同类型教育之间的衔接还有待加强。因此，必须立足经济社会发展需求，统筹各级各类教育协调发展，打通职业教育与普通教育、继续教育之间的通道，形成纵向贯通、横向融通的教育培训立交桥。同时，还要创新教育培训模式，深化产教融合、校企合作，鼓励行业企业参与人才培养全过程，建立紧密对接产业链、创新链的教育培训供给体系。只有不断优化教育结构、创新培养模式，才能为产业转型升级源源不断地输送高素质技术技能人才。

2. 完善教育培训标准

科学合理的教育培训标准是保证人才培养质量、引领教学改革创新的重要依据。要加快建立以需求为导向、以能力为本位、以就业为目标的教育培训质量标准体系，明确人才培养的目标定位和质量要求。教育培训机构要以标准为准绳，优化专业设置，更新教学内容，创新教学方法，不断提高人才培养的针对性和适应性。政府部门要加强标准的研制和供给，引导学校和企业广泛参与，共同推进标准在人才培养各环节的有效实施。只有严格落实教育培训标准、持续改进人才培养模式，才能不断地提升技术技能人才的整体素质。

3. 深化教育培训改革

教育培训体系必须适应时代发展、把握未来趋势，积极探索符合经济社会发展规律、遵循教育教学规律的改革路径。不仅要树立新发展理念，加快建设现代职业教育体系，创新技术技能人才培养培训模式。还要深化“放管服”改革，扩大办学自主权，激发学校办学活力。也要健全教师管理制度，完善绩效工资总量核定、教师专业发展等政策，建设高素质“双师型”教师队伍。更要推进信息技术与教育教学深度融合，加快发展在线教育，打造智慧化教育培训新生态。唯其如此，教育培训体系才能焕发蓬勃生机，源源不断地为社会输送高素质人才。

4. 健全教育培训保障

当前，教育培训事业的发展还面临着投入不足、师资短缺、资源配置不均衡等诸多困难和问题。要破解这些难题，关键在于健全制度保障、优化资源配置。要建立教育培训优先发展的保障机制，加大财政投入力度，完善生均拨款制度，提高教育经费使用效益。既要创新人才培养投入机制，鼓励社会力量兴办教育，助推教育培训向多元化、多样化方向发展。又要促进优质教育培训资源共建共享，依托现代信息技术打造开放共享的教育培训资源公共服务平台，让不同地区的学生都能享受到优质而均衡的教育。唯其如此，教育培训事业才能行稳致远，为人才强国战略的实施提供坚实保障。

（二）职业发展规划

职业发展规划是推动产业转型升级、实现经济结构优化的关键环节。在新时期，制定科学、合理的职业发展规划已经成为各行各业人才培养的重要内容。职业发展规划有利于帮助个人明确未来的职业方向，提升职业素养。通过系统地分析自身特点、行业发展趋势以及社会需求，个人能够全面认识自我，准确定位职业目标，并据此制定切实可行的发展路径。在这一过程中，个人不仅能够深化对职业的认知，提升职业意识，更能够锻炼逻辑思维、战略规划等关键能力，从而为未来的职业发展奠定坚实基础。

职业发展规划对于组织的人才管理和企业的可持续发展具有重要意义。在知识经济时代，人才已经成为推动社会进步、引领产业变革的第一资源。企业要想在激烈的市场竞争中立于不败之地，必须高度重视人才队伍建设，而职业发展规划正是其中不可或缺的一环。通过帮助员工制定职业发展规划，组织能够深入了解员工的职业诉求，发掘其潜在才能，并据此优化人力资源配置，最大限度地激发人才活力。同时，职业发展规划还能够提高员工的归属感和忠诚度，促进组织文化建设，为企业的长远发展提供源源不断的智力支持和人才储备。

在制定职业发展规划时，需要遵循科学性、系统性、个性化等基本原则。首先，职业发展规划必须立足个人实际，充分考虑自身的兴趣爱好、能力特长、价值追求等因素，确保规划目标的可实现性和可持续性。其次，应当将职业发展规划纳入人生整体规划之中，统筹兼顾个人成长和家庭责任，协调处理事业发展与家庭生活质量的关系，实现职业生涯与人生境界的共同提升。最后，职业发展规划还要体现个性化特点，针对不同的职业阶段、不同的岗位要求，提出差异化的发展路径和策略，最大限度地释放个人潜能，实现职业价值的最优化。

二、人才流动与配置的优化

（一）内部流动机制

人才是企业高质量发展的第一资源。构建合理有效的内部人才流动机制，是优化人力资源配置、激发人才创新活力的关键举措。

内部人才流动机制的核心在于打通人才发展通道，创造公平竞争的环境。企业应当根据不同岗位的特点和要求，科学设置职级与薪酬体系，为员工提供纵向发展和横向转换的机会。同时，要建立起完善的绩效考核和评价体系，依据员工的工作表现、能力水平等因素，合理确定其职位晋升和调动。唯其如此，才能充分调动人才的积极性，激发其潜能，为企业发展提供源源不断的内生动力。

内部人才流动机制的有效实施还需要企业营造开放包容的文化氛围。要倡导“能者上、平者让、庸者下”的用人导向，形成尊重人才、崇尚创新的价值理念。对于不同背景、不同专长的员工，要一视同仁，给予平等的发展机会。通过定期开展内部竞聘、轮岗等活动，鼓励员工走出固有的岗位“舒适区”，挑战新的领域和角色。这不仅有利于人才的全面成长，也为组织注入了新鲜血液，提升了整体创新力。

内部人才流动机制的顺畅运转离不开配套政策的支持。企业需要制定科学的人才发展规划，明确员工的职业发展路径和胜任力。同时，要加大人才培养投入，针对不同发展阶段的员工实施个性化的培训项目，帮助其提升专业技能和领导力。此外，建立健全的内部沟通反馈机制也十分必要。企业通过定期开展员工满意度调查、职业发展访谈等活动，了解员工的诉求和建议，并给予积极回应。唯有形成企业和员工的双向互动，才能找准人才发展的着力点，不断优化内部人才流动机制。

内部人才流动机制是一把“双刃剑”，处理不当反而会适得其反。企业在推动人才内部流动的过程中，必须坚持公开、公平、公正的原则，防止“近亲繁殖”和“小圈子文化”的滋生。对于关键岗位的人才调整，要经过严格的遴选和考察，避免因人设事、随意调动。同时，也要加强人才流动过程中的沟通和反馈，及时化解员工的情绪波动和心理不适，确保人才流动的平稳过渡。唯有审慎决策、动态管理，才能真正发挥内部人才流动的育人功效。

（二）外部引进策略

外部引进人才是企业实现可持续发展的重要战略举措。在当前经济全球化和科技创新日新月异的大背景下，仅仅依靠内部人才培养已经难以满足企业转型升级和创新发展的需要。吸纳高层次人才、引进先进技术和管理经验，已经成为众多企业提升核心竞争力的关键路径。

1．制定科学合理的人才引进规划

制定科学合理的人才引进规划是做好外部人才引进工作的基础。企业要立足自身发展阶段和人才需求，系统梳理关键岗位和紧缺人才，有针对性地确定人才引进的目标、规模和方向。在此基础上，还要综合考虑人才供给状况、行业竞争态势等外部因素，制订切实可行的人才引进计划和配套政策。只有在全面调研和科学论证的基础上，企业的人才引进工作才能做到有的放矢、精准发力。

2．拓宽人才引进渠道

拓宽人才引进渠道是吸引优秀人才的关键举措。传统的人才引进主要依赖校园招聘、社会招聘等方式，渠道相对单一。在新形势下，企业要主动对接人才中介机构、专业猎头公司，积极参与国内外重点院校的招聘会和宣讲会，利用互联网平台发布招聘信息，多管齐下扩大人才吸引的覆盖面和影响力。对于高端紧缺人才，企业还可以采取柔性引进的方式，通过项目合作、技术咨询、兼职聘用等灵活多样的途径，最大限度地汇聚各类优秀人才资源。

3．优化人才成长环境

优化人才成长环境是留住人才的根本保障。引进人才只是第一步，如何让人才迅速融入企业、安心工作、尽展其长，考验着企业的综合管理水平。企业要着力构建尊重人才、包容失败的企业文化，完善人才发展通道和晋升机制，搭建技术创新和管理创新的平台，为人才脱颖而出、实现价值提供广阔舞台。同时，还要关注人才的工作与生活之间的平衡，在薪酬福利、住房保障、子女教育等方面提供优厚待遇，只有帮助其解决后顾之忧，才能增强其归属感和认同感。

4．深化产学研合作

深化产学研合作是推动外部人才引进与技术创新融合的重要路径。高校、科研院所是人才荟萃、创新活跃的重要基地。企业要主动对接高校、科研院所，通过共建联合实验室、博士后工作站、技术研发中心等方式，吸引高校教师和科研人员参与企业技术攻关和成果转化，实现人才引进与技术创新的良性互动。同时，鼓励企业科技人员到高校、科研院所开展学术交流、作为兼职导师指导学生学习，提升企业技术创新和人才培养能力，为外部人才引进工作注入新的动力。

5. 营造开放包容的人才发展生态

营造开放包容的人才发展生态是推进外部人才引进工作的必然要求。随着经济全球化的深入发展，人才在全球范围内的流动日益频繁，人才竞争也日趋激烈。企业只有以更加开放包容的姿态，积极融入全球人才网络，主动对接海外高层次人才和创新团队，才能在人才竞争中赢得先机。同时，要加强与政府、高校、科研院所、行业协会、中介机构等各类主体的沟通协作，共同营造有利于人才健康成长的社会生态，为外部人才引进工作创造良好的外部条件。

三、人才激励机制的设计

（一）薪酬激励

薪酬激励是人才激励机制中最为重要和常见的激励方式之一。合理有效的薪酬激励制度能够充分调动员工的积极性，提高其工作效率和质量，为企业的长期发展提供源源不断的动力。在产业转型升级和经济结构调整的大背景下，建立科学有效的薪酬激励机制对于吸引和留住高素质人才，推动企业的创新发展具有重要意义。

薪酬激励的核心在于建立员工绩效与薪酬回报之间的紧密联系。通过将员工的薪酬水平与其工作业绩挂钩，企业能够形成有效的激励约束机制，引导员工努力工作、提高绩效。同时，薪酬激励还应体现员工能力水平、岗位价值等因素的差异，以更加公平合理的方式对员工进行回报。只有让员工感受到付出与回报之间的平衡，才能最大限度地激发其工作热情。

在设计薪酬激励方案时，企业需要兼顾内部公平性和外部竞争性两个方面。内部公平性要求薪酬分配符合组织内部各岗位、各层级之间的相对价值，避免因薪酬差距过大而引发员工不满情绪。而外部竞争性则强调企业的薪酬水平要与市场上同类岗位的薪酬水平相适应，以吸引和保留优秀人才。只有在内外兼顾的基础上，企业才能建立起行之有效的薪酬激励机制。

此外，薪酬激励的形式也日益多样化。除了传统的基本工资、绩效奖金等货币性薪酬外，企业还可以通过员工持股、期权激励等方式，将员工利益与企业长远发展紧密结合，进而增强员工的归属感和忠诚度。一些企业还探索了弹性福利、带薪休假等非货币性薪酬激励措施，以满足员工多元化的需求，提升其工作幸福感。灵活运用多种薪酬激励方式，能够全方位调动员工积极性。

（二）非物质激励

非物质激励在现代人力资源管理中发挥着越来越重要的作用。与物质激励相比，非物质激励更注重满足员工精神层面的需求，如成就感、归属感、自我价值实现等。通过创造积极向上的企业文化，营造和谐融洽的工作氛围，建立公平公正的晋升机制，非物质激励能够极大地调动员工的工作积极性，提升其组织承诺和忠诚度。

从马斯洛需求层次理论来看，当员工的生理需求和安全需求得到基本满足后，他们会更加渴望得到组织的认可、尊重和自我发展的机会。而非物质激励恰恰能够满足员工这些高层次的需求。例如，通过设立“优秀员工”“技术能手”等荣誉称号，定期开展表彰大会，组织能够给予员工充分的成就感和自豪感。又如，组织可以为员工提供在职培训、轮岗锻炼、学历进修等成长机会，帮助其提升专业技能，进而实现职业发展目标。这些举措不仅能够留住优秀人才，更能吸引外部人才的加盟。

从双因素理论来看，非物质激励属于保健因素，虽然其存在不一定直接导致员工满意度的提高，但其缺失却极易引起员工的不满。可见，非物质激励对于消除员工的负面情绪，维系良好用工关系具有重要意义。比如，很多企业都会为员工过生日、举办员工娱乐活动、提供弹性工作制等关怀措施。这些看似细微的福利，却能让员工感受到组织的人文关怀，产生强烈的归属感和认同感。长此以往，员工就更愿意为组织的发展贡献自己的才智。

从期望理论来看，非物质激励的有效运用，关键在于组织管理者要准确把握员工的期望。不同员工对职业发展、工作环境、人际关系等都有不同诉求。管理者要通过与员工的日常沟通、绩效面谈等方式深入了解每一位员工，因材施“励”，从而为其提供个性化的非物质激励。只有匹配员工的真实需求，非物质激励才能真正激发员工的内生动力。

第三节 优化市场环境与服务

一、完善市场监管体系

（一）监管制度建设

完善的市场监管制度是保障产业转型与经济结构升级的基石。在现代市场经济体系中，政府和市场的关系已经发生了深刻变革，政府更多地承担着维护市场秩序、优化资源配置、引导产业发展等重要职能。而要真正发挥政府在经济治理中的积极作用，就必须不断健全市场监管制度，提高监管的科学性、精准性和有效性。

从宏观层面来看，完善的市场监管制度有助于营造公平竞争的市场环境。通过建立健全反垄断、反不正当竞争等法律法规，加强对垄断协议、滥用市场支配地位、经营者集中等行为的监管，可以有效遏制市场垄断和不正当竞争，进而维护市场竞争的公平性和有序性。这不仅有利于保护消费者利益，也为中小企业创造了良好的发展空间，更能激发市场主体的创新活力。

从中观层面来看，完善的市场监管制度是引导产业转型升级的重要抓手。当前，我国经济发展已由高速增长阶段转向高质量发展阶段，推动经济结构优化和产业转型升级成为重中之重。这一过程离不开政府的宏观调控和产业政策引导。通过制定产业发展规划、设立产业扶持基金、完善市场准入制度等举措，政府可以引导社会资源向战略性新兴产业、高端制造业等重点领域集聚，推动传统产业改造升级，促进产业结构优化。同时，还可以运用环保、能耗等标准，倒逼落后产业淘汰，加快产业绿色低碳转型。

从微观层面来看，完善的市场监管制度是规范市场主体行为的重要保障。诚信是市场经济的基本道德规范，也是维系经济社会正常运转的重要纽带。通过加强信用体系建设，建立健全信用信息共享平台，强化失信联合惩戒，可以有效约束市场主体行为，提高其守法诚信意识。与此同时，还应加强消费者权益保护，畅通消费维权渠道，营造安全放心的消费环境。只有市场主体诚信经营、坦诚守信，消费者权益得到切实保障，才能真正实现经济的良性循环和可持续发展。

（二）监管技术应用

监管技术的应用是优化市场环境、促进产业转型升级的重要保障。随着信息技术的飞速发展，大数据、人工智能、区块链等新兴技术为市场监管提供了前所未有的机遇。监管部门应积极顺应时代发展趋势，创新监管理念，革新监管手段，充分利用现代科技手段提升监管效能，营造公平有序的市场环境。

借助大数据技术，监管部门可以实现海量市场信息的实时采集、智能分析和高效利用。通过构建全市场、全品类、全流程的大数据监测体系，监管部门能够全面掌握市场运行态势，精准识别潜在风险，有效预警违法违规行为。例如，通过对交易数据、用户评价等信息的分析，监管部门可以及时发现并查处假冒伪劣、虚假宣传等违法行为，维护消费者合法权益。

人工智能技术的应用则可以极大提升监管的智能化水平。机器学习算法可以通过对历史监管数据的训练，自动识别市场主体的异常行为模式，实现监管重点的精准锁定。自然语言处理、图像识别等技术可应用于广告审查、产品标识核验等监管场景，能够大幅提高监管效率。知识图谱、专家系统等人工智能技术还可辅助监管决策，为监管执法提供智力支持。

区块链技术以其去中心化、不可篡改等特性，为构建透明可信的监管机制提供了新思路。基于区块链的可追溯体系能够记录产品全生命周期信息，实现来源可查、去向可追、责任可究。区块链技术还可用于优化行政审批流程，实现审批过程的公开透明，有效防范寻租腐败行为。与此同时，区块链技术有助于加强跨部门、跨区域监管协同，进而提升监管合力。

此外，云计算、移动互联网、物联网等信息技术也为创新监管方式提供了有力支撑。云计算平台可为监管部门提供海量数据存储和高性能计算能力，提升数据处理和分析效率。移动互联网技术可应用于移动执法终端、监管 App 等，实现随时随地的现场执法。基于物联网的智慧监管系统则可实现对产品生产、流通、销售等环节的全程监控，从而提升产品质量安全水平。

二、提升市场透明度

（一）信息披露机制

信息披露机制是提升市场透明度的重要保障，对于推动产业转型和经济结构升级具有重要意义。在现代市场经济体系中，信息的充分、对称、及时披露是市场有效运行的基础。只有建立健全信息披露机制，保障各市场主体能够平等获取信息，才能促进市场资源的优化配置，推动经济高质量发展。

从微观层面来看，完善的信息披露机制有利于保护投资者合法权益。在证券市场上，上市公司定期披露财务报告、临时公告等重大事项，有助于投资者全面了解公司经营状况，进而作出理性投资决策，规避市场风险。与此同时，信息披露还能够遏制内幕交易、操纵市场等违法违规行为，维护证券市场"三公"原则，促进市场健康发展。

从中观层面来看，信息披露机制的建立对于优化产业结构、推动经济转型升级至关重要。一方面，充分、及时的信息披露有利于优化资本市场资源配置效率。通过准确、全面反映上市公司基本情况，引导资金"脱虚向实"，流向具有核心竞争力和发展潜力的优质企业，助力实体经济发展。另一方面，信息披露还能够促进产业并购重组，加速落后产能出清，推动经济结构的有效调整。

从宏观层面来看，信息披露机制是构建社会主义市场经济体制、实现国家治理体系和治理能力现代化的内在要求。信息公开透明是现代市场经济的重要特征，也是法治政府、责任政府的应有之义。政府部门通过建立健全信息披露制度，及时发布权威信息，回应社会关切，能够提升政府公信力，厚植党的执政基础。同时，信息公开共享也有利于畅通社会监督渠道，推进国家治理体系和治理能力现代化。

（二）数据共享平台

数据共享平台的建设对于提升市场透明度、优化市场资源配置、促进产业转型和经济结构升级具有重要意义。在大数据时代背景下，海量的市场交易数据、企业经营数据、消费者行为数据等不断产生和累积。如何有效地整合和利用这些数据资源，已经成为各国政府和企业关注的焦点。构建高效、安全、开放的数据共享平台，成为破解这一难题的关键举措。

从市场监管的角度来看，数据共享平台有助于提高监管的针对性和有效性。通过整合分散在各部门、各领域的数据资源，监管机构能够更全面、更准确地把握市场运行状况，及时发现和预警风险隐患，从而实现精准监管、智慧监管。同时，数据共享也有利于加强部门间的协同监管，形成监管合力，提升监管效能。

从市场主体的角度来看，数据共享平台为企业提供了发现商机、优化决策的重要依据。通过共享平台获取行业发展动态、消费者偏好变化等关键信息，企业能够及时调整经营策略，通过开发新产品、拓展新市场，增强市场竞争力。中小企业还可借助共享平台，与上下游企业建立紧密联系，实现协同发展。

从消费者权益保护的角度来看，数据共享平台有助于缓解信息不对称问题，维护消费者合法权益。通过共享平台了解商品和服务的质量、价格等信息，消费者能够作出理性选择，规避消费风险。数据共享还为精准营销、个性化服务创造了条件，企业可根据消费者特征提供差异化、定制化的产品和服务，最大限度地满足消费者多样化的需求。

三、优化营商环境

（一）行政审批改革

优化营商环境是推动产业转型与经济结构升级的重要保障。良好的营商环境能够激发市场主体的活力，吸引更多优质资源向先进产业和高质量经济结构集聚，为经济转型注入不竭动力。在这一过程中，行政审批制度改革发挥着关键作用。传统的行政审批制度存在审批事项过多、流程烦琐、效率低下等问题，不仅增加了企业的制度性交易成本，也制约了创新创业活动的开展。为此，有必要在简政放权的基础上，进一步深化“放管服”改革，最大限度地减少不必要的行政审批和许可事项，提高审批效率，营造便捷高效的政务环境。

深化行政审批改革要从以下几个方面着手。一是全面清理和精简行政审批事项。通过开展“证照分离”改革、“照后减证”行动等，取消不必要的审批、认证、许可等事项，最大限度地减轻企业负担。同时，建立健全审批事项清单管理制度，增强改革的系统性、针对性和有效性。二是创新审批服务方式。大力推行“互联网＋政务服务”，加快实现审批服务事项“应上尽上、全程在线”，让数据多跑路、群众少跑腿。同时，整合线上线下服务渠道，推广“一窗受理、并行办理”模式，为企业和群众提供“一站式”便捷服务。三是提高审批服务质量。健全审批服务标准，制定并严格执行办事指南和审批时限，切实提高审批效率和透明度。加强事中事后监管，创新监管方式，实现审管联动、信息共享，有效地防范市场风险。

深化行政审批改革，既能为市场主体松绑减负，激发创新创业活力，又能促进资源优化配置，推动经济高质量发展。一项项“不见面”审批的背后，是制度创新和政府职能的转变。通过深化“放管服”改革，努力打造与高质量发展相适应的现代政务环境，国家就能为产业转型升级和经济结构优化提供有力的制度保障。

（二）企业服务体系

建立科学完善的企业服务体系是优化营商环境、促进产业转型升级的重要保障。随着经济全球化的深入发展和新一轮科技革命的加速演进，企业面临的市场环境日益复杂，竞争压力不断加大。在这一背景下，政府部门必须主动作为，搭建高效便捷的企业服务平台，为企业发展营造良好的制度环境和政策环境。只有不断地完善企业服务体系，提升服务水平和效率，才能为产业转型升级提供强有力的支撑，进而推动经济高质量发展。

1. 构建覆盖全生命周期的企业服务

企业从创立到成长，再到转型升级，每个阶段都面临着不同的机遇和挑战，需要政府提供与之相适应的精准服务。在企业创立阶段，政府应完善创业孵化平台建设，为初创企业提供低成本办公场地、创业指导、融资对接等服务，帮助其渡过创业初期的难关。在企业成长阶段，政府应加强技术创新支持，搭建产学研合作桥梁，引导企业加大研发投入，提升自主创新能力。同时，还要完善人才引进和培养机制，为企业发展提供充足的人力资源支撑。在企业转型升级阶段，政府应积极引导企业参与产业链重构，推动关键领域核心技术攻关，助力企业实现高端化、智能化、绿色化发展。通过建立覆盖企业全生命周期的服务体系，政府能够精准施策、靶向发力，为不同发展阶段的企业提供有针对性的支持，从而激发市场主体活力，推动产业转型升级。

2. 提升企业服务的智能化水平

随着大数据、人工智能、区块链等新兴技术的快速发展，智能化已经成为企业服务的重要趋势。政府部门应顺应这一趋势，大力推进“互联网＋政务服务”建设，运用现代信息技术手段优化企业服务流程，提高服务效率和质量。具体而言，政府可以建立企业服务大数据平台，通过整合各部门、各领域的企业数据资源，实现数据共享和业务协同。基于大数据分析，政府能够准确把握企业需求，从而提供精准化、个性化的服务。同时，政府还应积极探索人工智能在企业服务领域的应用，通过开发智能客服、智能咨询等服务功能，为企业提供 7×24 小时的全天候服务。通过聊天机器人等智能交互工具，企业能够快速获取政策咨询、办事指南等信息，大大提高办事效率。此外，区块链技术在企业登记、知识产权保护等方面也有广阔的应用前景。运用区块链技术，政府可以实现企业登记信息的分布式存储和实时共享，有效防范企业注册信息造假；利用区块链不可篡改、可追溯的特性，政府能够为企业知识产权提供更加安全可靠的保护。智能化的企业服务不仅能够显著提升服务效率，节约制度性交易成本，更能够增强企业获得感，营造更加便利化的营商环境。

3. 注重多元主体的协同配合

企业服务不是政府部门的“独角戏”，而是需要社会各界共同参与的“大合唱”。在服务体系建设中，政府虽然要发挥主导作用，但同时也要积极引入市场化、社会化的力量，构建政府、市场、社会多元协同的服务格局。例如，政府可以通过政府购买服务等方式，充分发挥行业协会、中介机构的作用，提供更加专业化、精细化的企业服务。又如，政府可以搭建校企合作平台，鼓励高校、科研院所与企业开展产学研合作，促进科技成果转化和产业化应用。通过构建开放包容的企业服务生态系统，集聚各方面资源和力量，政府能够以更加系统化、整体化的方式满足企业多样化、个性化的服务需求，为产业转型升级提供强大助力。

（三）投资便利化措施

投资便利化措施是产业转型与经济结构升级的重要保障。在新时代背景下，优化投资环境，降低投资门槛，简化投资审批流程，已经成为各地政府推动经济高质量发展的重要抓手。投资便利化不仅能够吸引更多优质资本进入，激发市场活力和创新动力，还能促进产业链、供应链、创新链深度融合，进而推动经济结构优化升级。

1. 完善投资管理体制

传统的投资管理模式往往存在审批环节多、时间周期长、监管不到位等问题，制约了投资项目的落地实施。为了破解这一难题，各地政府应积极推进“放管服”改革，深化简政放权、放管结合、优化服务，构建规范、高效、便捷的投资管理制度。具体而言，可以推行投资项目承诺制，实行“多评合一”“多图联审”等并联审批模式，压缩审批时限，提高审批效率。同时，加强事中事后监管，创新监管方式，建立健全信用监管、智慧监管等制度，营造公平竞争的市场环境。

2．优化投资服务体系

投资服务涉及信息查询、项目对接、跟踪服务等多个环节，直接影响投资者的获得感和满意度。因此，政府部门应主动对标国际先进水平，不断优化投资服务流程，提升服务质量和效率。一方面，要搭建投资服务平台，利用大数据、云计算等信息技术手段，为投资者提供项目信息发布、在线咨询、网上办理等“一站式”服务，实现“网上办”“掌上办”“一次办”。另一方面，要建立健全投资服务机构，整合投资促进、项目推介、代办帮办等职能，为投资者提供全流程、个性化服务，当好“店小二”，甄选“金牌项目”。

3．强化要素保障

土地、资金、人才等要素供给直接关系投资项目能否落地、发展壮大，是影响投资便利化水平的重要因素。对此，政府部门应统筹各类要素资源，强化投资项目要素保障。在用地保障方面，应创新土地供应方式，探索“标准地”“指标地”出让，为重点投资项目预留发展空间。在资金保障方面，应加大财政资金支持力度，发挥政府投资基金、产业引导基金作用，进而撬动更多社会资本投入。在人才保障方面，应完善人才引进、培养、使用、评价、流动、激励机制，大力引进高层次人才和紧缺人才，为投资项目提供智力支持。

四、推动公共服务平台建设

（一）平台功能设计

公共服务平台的功能设计是推动产业转型与经济结构升级的关键环节。平台的功能需要立足产业发展实际需求，充分考虑用户的多样化诉求，以便提供全面、便捷、高效的服务。良好的功能设计不仅能够满足企业转型升级的迫切需要，更能为区域经济高质量发展注入新的动力。

从服务对象的角度来看，公共服务平台应兼顾大中小微企业的差异化需求。对于大型企业而言，平台应提供全生命周期的精细化服务，涵盖技术研发、市场开拓、人才培养等方方面面。通过构建产学研用协同创新机制，引导和支持龙头企业加大核心技术攻关力度，提升产业链现代化水平。而对于广大中小微企业，平台则要着力降低转型升级门槛，提供低成本、可复制的解决方案。针对中小企业“短、平、快”的发展特点，平台应集聚优质服务资源，提供管理咨询、技能培训、信息对接等精准服务，帮助企业破解转型发展难题，实现专业化、特色化发展。

从服务内容的角度来看，公共服务平台应聚焦产业转型升级的薄弱环节和重点领域，强化供给侧结构性改革。一是搭建技术创新平台。瞄准产业发展前沿，整合高校、科研院所等领域创新资源，建设重点实验室、工程技术中心、产业创新中心等，为企业技术创新提供强大支撑。二是优化要素配置服务。围绕人才、土地、资金等关键要素，创新服务方式，提高资源配置效率。搭建人力资源服务平台，为企业引进和培养急需紧缺人才；建立土地要素交易平台，盘活存量土地资源；设立融资增信平台，拓宽中小微企业融资渠道。三是促进军民融合发展。发挥军工科技优势，建设军民两用技术转移转化平台，实现军工技术向民用领域扩散渗透，进而催生新的经济增长点。

从服务方式的角度来看，公共服务平台应充分运用现代信息技术手段，打造智慧化服务体系。借力云计算、大数据等新一代信息技术，建设覆盖企业全生命周期、贯通产业链上下游的智慧型公共服务平台。通过数字化采集、存储和分析企业生产经营数据，实现服务供给与企业需求的精准匹配，大幅提升服务的针对性和有效性。同时，还应创新服务模式，积极运用移动互联、虚拟现实等技术，探索线上线下相结合的服务新路径，为企业提供沉浸式、交互式的优质服务体验。

（二）服务标准制定

服务标准制定是公共服务平台建设的重要内容，对于提升公共服务的质量和效率起着关键作用。在产业转型和经济结构升级的进程中，公共服务平台承担着为企业和市场主体提供优质服务的重要职责。只有建立科学合理、规范有序的服务标准体系，才能确保公共服务平台发挥应有的作用，推动经济社会的健康发展。

服务标准制定应当立足公共服务的特点和规律，遵循科学性、系统性和可操作性的原则。首先，服务标准应当以满足企业和市场主体的实际需求为出发点，充分考虑不同行业、不同领域、不同发展阶段的差异化特征，提供有针对性的服务内容和方式。其次，服务标准应当体现公共服务的公益性和普惠性，确保所有市场主体都能平等地获得优质服务，维护市场秩序的公平与正义。最后，服务标准应当注重可操作性和可评估性，明确服务的具体内容、流程、时限、质量要求等，为服务绩效评估和持续改进提供依据。

在服务标准制定的过程中，应当重视吸收多方主体的意见和建议，加强政府、企业、社会组织等的协同配合。通过深入调研、广泛征求意见，全面了解企业和市场主体的实际需求，科学设置服务项目和内容。同时，还应当建立健全服务标准的动态调整机制，根据经济社会发展的新形势、新要求，及时修订完善服务标准，保持其时效性和适应性。

服务标准的有效实施离不开配套的制度设计和保障措施。应当建立健全服务绩效评估体系，定期开展服务质量监测和满意度调查，并将评估结果作为优化服务供给的重要依据。同时，还应当加强服务人员的培训和管理，提升其专业能力和服务意识，为企业和市场主体提供优质高效的服务。此外，还应当充分运用信息化手段，优化服务流程，提高服务效率，为企业和市场主体提供便捷高效的服务体验。

（三）平台运营管理

公共服务平台的运营管理是推动产业转型与经济结构升级的关键环节。高效、规范、创新的平台运营管理模式能够为企业提供优质的公共服务，优化资源配置，促进产业集聚和协同发展。同时，科学的运营管理也是提升平台服务质量、扩大平台影响力的重要保障。

1. 建立健全的运营管理制度

平台运营管理制度应涵盖平台功能定位、组织架构设置、人员管理、财务管理、绩效评估等各个方面，明确各部门、各岗位的职责权限和工作流程，确保平台运营有章可循、有据可依。同时，运营管理制度还应具有一定的灵活性和适应性，能够根据平台发展的需要进行动态调整和优化，以适应经济社会发展的新形势、新要求。

2. 引入市场化运营机制

传统的公共服务平台多采用政府主导的运营模式，存在机制僵化、服务效率不高等问题。市场化运营机制，通过政府和社会资本合作（PPP）、委托经营等方式，引入专业化的平台运营团队，有利于激发平台的内生动力和创新活力。同时，市场化运营也有助于优化平台的资源配置，通过市场化的手段配置资源、优化服务，提高平台的运行效率和服务质量。

3. 强化平台的技术支撑和数据赋能

现代公共服务平台的运营管理越来越依赖于先进的信息技术和海量的数据资源。因此，加强平台的技术研发和应用，提升平台的数字化、智能化水平，是平台创新发展的必由之路。通过引入大数据、人工智能、区块链等前沿技术，平台能够实现服务的精准化、个性化和智能化，极大地提升服务效率和用户体验。同时，利用平台汇聚的海量数据，深入挖掘数据价值，能够为平台运营和产业发展提供精准的决策支持。

4. 建立多元化的评价体系

平台的运营绩效不仅关乎平台自身的发展，更关系到入驻企业和社会公众的切身利益。因此，有必要建立科学、合理、多元化的评价体系，全面评估平台运营的效率、质量和效益。评价体系应包括平台运营指标、服务满意度指标、产业带动指标等多个维度，并综合运用第三方评估、用户反馈、大数据分析等多种评价方式，客观、公正地反映平台运营的真实状况，为优化平台管理、提升服务水平提供决策依据。

5. 加强与利益相关方的沟通协作

公共服务平台的健康发展离不开政府、企业、社会组织等各利益相关方的共同参与和支持。平台运营管理者应主动加强与各方的沟通对接，通过建立常态化的协作机制，促进资源共享、优势互补。同时，还要重视发挥企业和社会组织的主体作用，鼓励其积极参与平台建设和运营，形成多方协同、共建共享的良好局面。

第五章　产业转型与经济结构升级的可持续发展

第一节　产业转型与经济结构升级的绿色发展

一、绿色技术创新与应用

（一）绿色技术研发

绿色技术的研发是实现产业转型与经济结构升级可持续发展的关键环节。在全球气候变化日益严峻、资源环境约束不断加剧的背景下，加快绿色技术创新，推动传统产业绿色化改造，已成为各国应对环境挑战、实现经济绿色增长的重要选择。中国作为世界第二大经济体，在绿色技术研发方面具有得天独厚的优势和广阔的发展前景。

从基础研究来看，中国在新能源、新材料、生物技术等领域已经取得了一系列原创性突破，为绿色技术的应用奠定了坚实基础。以新能源技术为例，中国在光伏、风电、氢能等方面的研发水平已经达到国际先进水平，部分技术指标甚至处于世界领先地位。这些技术的突破为推动能源结构优化、减少化石能源消耗提供了有力支撑。同时，在新材料领域，中国在石墨烯、纳米材料、生物基材料等方面也取得了长足进展，为发展绿色制造、打造绿色产业链提供了物质基础。

从应用研究来看，中国正在积极推进绿色技术与传统产业的深度融合，加快传统产业的绿色化改造步伐。在工业领域，钢铁、有色金属、化工、建材等重点行业纷纷加大绿色技术的研发和应用力度，通过节能减排、污染治理、资源综合利用等手段，不断提升生产过程的绿色化水平。在农业领域，中国大力发展生态农业、循环农业，运用现代生物技术改良品种、优化种植模式，促进农业生产与生态环境的协调发展。在服务业领域，绿色技术的应用也日益广泛，从而推动了服务模式和消费方式的绿色转型。

从产业化来看，中国正在加快构建绿色技术产业体系，培育一批具有国际竞争力的绿色技术企业。通过完善绿色技术创新政策、健全绿色金融体系、搭建绿色技术交易平台，中国营造了良好的绿色技术产业生态，激发了各类主体参与绿色技术创新的积极性。一大批科技型中小企业在绿色技术领域脱颖而出，成为引领绿色产业发展的新生力量。与此同时，众多传统产业巨头也纷纷布局绿色技术，加速产业转型升级步伐，推动形成了绿色技术与传统优势产业互促共进的发展格局。

（二）绿色技术应用策略

绿色技术的有效应用是实现产业转型与经济结构升级可持续发展的关键路径。面对日益严峻的资源环境压力，传统的粗放型发展模式已难以为继，迫切需要加快构建资源节约型、环境友好型产业体系。在这一过程中，绿色技术的研发、推广和应用发挥着不可替代的重要作用。

从供给侧角度来看，积极推广应用绿色技术有助于优化产业结构，推动经济增长方式的根本转变。通过在生产、流通、消费等环节全面应用节能减排、资源综合利用等绿色技术，不仅能够有效降低资源能源消耗，提高投入产出效率，而且能够促进产业链、供应链的绿色化重构，进而催生一批高附加值、低污染的新兴产业，形成绿色发展新动能。以新能源产业为例，风能、太阳能、生物质能等绿色技术的广泛应用，正在重塑能源生产和消费结构，并带动储能、智能电网等关联产业蓬勃发展，成为引领经济高质量发展的重要力量。

从需求侧角度来看，大力倡导绿色生活方式，积极培育和扩大绿色产品市场，是推动绿色技术应用的重要举措。随着生态文明建设的不断推进，公众的环保意识日益增强，对绿色、健康、高品质产品的需求持续攀升。这为绿色技术赋能传统产业转型升级创造了广阔空间。例如，在建筑领域大力推广绿色建筑技术，不仅可以最大限度地节约资源、保护环境，还能营造健康舒适的居住环境，满足人们对美好生活的向往。又如，在交通领域加快发展新能源汽车产业，既有利于缓解石油资源短缺和环境污染问题，又能满足消费者多元化、个性化的出行需求。

要充分发挥绿色技术的引领带动作用，关键在于加强绿色技术创新体系建设，完善绿色技术推广应用机制。一方面，要加大科技投入，集中优势资源，加快绿色技术基础研究和应用基础研究，掌握一批具有自主知识产权的核心技术，打破产业发展关键共性技术的瓶颈。同时，还要发挥企业技术创新主体作用，支持龙头企业加强绿色技术研发，推动产学研深度融合，加快科技成果转化应用。另一方面，要健全绿色技术推广应用激励机制，完善节能环保、资源综合利用等方面的财税政策，加大绿色信贷、绿色债券等金融支持力度。同时，要加强绿色技术标准体系建设，建立科学规范的绿色认证评价制度，引导形成绿色生产、绿色流通、绿色消费的良性循环。

二、绿色产业链的构建

（一）绿色供应链管理

绿色供应链管理是推动产业绿色转型升级的重要抓手。在传统的供应链管理模式中，企业往往只关注经济效益，忽视了生产经营活动对环境和社会的影响。而绿色供应链管理则强调在整个供应链中贯彻可持续发展理念，兼顾经济、环境和社会三重底线，实现企业与自然环境的和谐共生。

从供应链的上游来看，绿色供应链管理要求企业在原材料采购和供应商选择时，充分考虑环境因素。这就意味着企业要优先选择那些能够提供绿色原材料、具有良好环保意识和实践的供应商。同时，企业还应该与供应商建立长期、稳定的合作关系，共同开发环境友好型材料，优化资源利用效率。例如，美国著名服装品牌耐克公司就与供应商合作，研发出了一种由回收塑料瓶制成的环保型面料，不仅减少了塑料垃圾给环境造成的污染，也为产品注入了绿色元素。

在供应链的中游，绿色供应链管理的重点是打造清洁生产流程，最大限度地减少生产过程中的资源消耗和环境影响。这就要求企业引进先进的节能减排技术，通过优化生产工艺，提高能源使用效率。同时，企业还应该加强对生产废弃物的回收利用，探索废物资源化的途径。例如，日本丰田汽车公司通过对生产流程的持续改进，不断降低单车生产过程中的能耗水平，并实现了生产废料的高效回收利用，树立了汽车行业绿色制造的标杆。

从供应链的下游来看，绿色供应链管理强调打造绿色物流体系，降低产品配送过程中的碳排放。这就要求企业优化物流网络布局，减少不必要的运输环节；选择环保型运输工具，提高运输效率；鼓励消费者参与到绿色物流中来，推广简约包装等环保理念。例如，京东物流通过在配送车辆上安装太阳能电池板，实现了车载设备的清洁供电，有效地减少了物流运输过程中的碳排放。

（二）绿色生产流程

绿色生产流程是实现产业转型与经济结构升级的关键环节。随着经济社会的快速发展，资源消耗和环境污染问题日益突出，传统的生产模式已经难以适应可持续发展的要求。因此，积极探索和推广绿色生产流程，实现生产过程的减量化、再利用、资源化，已成为产业转型升级的必由之路。

绿色生产流程的核心在于优化生产全过程，最大限度地减少资源消耗和给环境带来的影响。这需要企业在原料选择、生产工艺、能源利用、废弃物处理等各个环节进行系统设计和集成创新。例如，在原料选择上，要优先使用可再生、低毒性、易降解的绿色材料，减少有毒有害物质的使用；在生产工艺上，要采用节能、节水、节材和减排技术，提高资源利用效率；在能源利用上，要大力发展清洁能源，推广余热余压利用、热电联产等节能技术；在废弃物处理上，要遵循减量化、资源化、无害化原则，最大限度地实现废弃物的回收与利用。

推行绿色生产流程，还需要建立科学规范的管理体系。这包括制定绿色生产标准和规程，建立绿色设计、绿色采购、清洁生产审核等管理制度，健全绿色生产的考核评价和激励机制。同时，还要加强全员绿色意识教育，提高企业管理者和员工的环保素养，形成全员参与、持续改进的绿色文化氛围。只有将绿色理念贯穿于生产经营的各个环节，才能从根本上推动绿色生产流程的实施。

信息技术和智能制造的发展为绿色生产流程提供了新的机遇。通过工业互联网、大数据、人工智能等新技术的应用，可以实现生产过程的实时监测和优化控制，提高能源资源利用效率，减少污染物排放。例如，利用工业互联网平台，可以对生产设备进行远程监控和预测性维护，及时发现和消除设备异常，避免事故发生；利用大数据分析技术，优化原料配比、工艺参数和生产调度，进而实现精准生产和柔性制造；利用人工智能算法，可以建立生产全流程的数字孪生，进行虚拟仿真和优化设计，能够大幅提升生产效率和产品质量。新技术与绿色生产的深度融合，正在催生一场新的工业革命。

（三）绿色物流体系

绿色物流体系是推动产业转型与经济结构升级的重要支撑。在日益严峻的资源环境压力下，传统的物流模式已难以适应可持续发展的要求。因此，构建绿色高效、环境友好的物流体系，已成为实现经济社会绿色转型的迫切需要。

绿色物流体系的核心在于实现物流活动全过程的绿色化。这不仅涉及物流运输、仓储、包装等环节，更涉及物流网络规划、物流信息管理等方方面面。在物流运输环节，应大力推广新能源车辆和清洁燃料的使用，优化运输路径，提高运输效率，减少空驶和怠速，从而降低能耗和减少污染物排放。在仓储环节，应合理布局仓储网点，改善仓储条件，引入自动化、智能化技术，提高空间利用率和作业效率，减少资源浪费。在包装环节，应推广使用环保、可循环利用的包装材料，减少过度包装，探索建立包装回收体系，实现包装材料的循环利用。

绿色物流体系的构建离不开先进技术的支撑。物联网、大数据、人工智能等新一代信息技术在物流领域的应用，为实现物流过程的精细化管理、智能化控制提供了有力工具。通过在物流设施、运输工具、货物单元上部署射频识别、传感器等物联网设备，可实时采集物流作业数据，感知物流状态变化，为物流决策优化提供数据支撑。运用大数据分析、机器学习等技术，可深度挖掘物流数据中蕴含的规律和价值，优化物流网络布局、运输调度、库存管理等，提高物流运作效率。借助人工智能技术，可实现物流装备的智能化控制，进而提高自动化水平，降低人工作业强度。

构建绿色物流体系，需要物流企业树立绿色发展理念，将环境保护、资源节约融入企业战略和日常运营之中。这不仅需要企业加大对绿色物流技术、设备的投入，更需要企业转变经营管理模式，优化业务流程，提高管理水平。同时，还需要政府加强引导和支持，完善绿色物流相关标准规范和政策法规，为企业实施绿色物流创造良好的制度环境。此外，行业协会、科研机构等也应发挥自身优势，加强绿色物流理论研究和实践探索，总结推广先进经验及做法，为绿色物流体系建设贡献智慧和力量。

三、资源循环利用与管理

（一）资源回收技术

资源回收技术在推动产业绿色转型升级中发挥着关键作用。随着经济社会的快速发展，资源消耗不断增加，废弃物排放日益加剧，传统的资源利用方式已经难以为继。发展先进的资源回收技术，提高资源利用效率，减少废弃物排放，已成为实现可持续发展的必由之路。

资源回收技术的核心在于对废旧物品进行高效、环保的分类、处理和再利用。通过物理、化学、生物等多种手段，将废弃物中的有价组分提取出来，并加工成可再次使用的原料或产品，从而实现资源的循环利用。例如，废旧塑料可以通过热解、裂解等化学方法转化为燃料油或化工原料；废旧金属可以通过熔炼、电解等冶金工艺提炼出纯度较高的金属材料；废旧电子产品可以通过拆解、分选等步骤回收贵金属和稀土元素。这些资源回收技术不仅减少了废弃物的排放，降低了环境污染，还为工业生产提供了优质、低成本的原料，推动了产业链的绿色化改造。

资源回收技术的应用领域十分广泛，涵盖了工业、农业、建筑、交通等各个行业。在工业领域，资源回收技术可以应用于冶金、化工、电子等行业，提高资源利用效率，降低生产成本。例如，钢铁行业可以利用废钢等金属废料，通过电炉熔炼工艺生产优质钢材，既降低了原料成本，又减少了废料排放。在农业领域，秸秆、畜禽粪便等农业废弃物可以通过发酵、燃烧等方式转化为肥料、燃料，实现农业生产的循环利用。在建筑领域，建筑垃圾可以经过破碎、筛分等处理后制成再生骨料，用于道路、水泥等建材生产，减少了天然资源的开采。在交通领域，报废汽车、轮胎等废旧物品可以通过拆解、再制造等方式实现零部件和材料的循环利用，促进了汽车产业的绿色发展。

（二）资源再利用策略

资源再利用是实现产业转型和经济结构升级与绿色发展的重要策略之一。在资源约束日益趋紧、环境污染问题日益严峻的背景下，探索资源高效利用和循环利用的新路径，已经成为推动经济社会可持续发展的必然选择。资源再利用的核心在于建立科学、系统的资源回收和再利用体系，最大限度地减少资源浪费，提高资源利用效率。

从宏观层面来看，资源再利用需要政府、企业、公众等多方主体的共同参与和努力。政府应加强顶层设计，完善法律法规和政策体系，为资源再利用营造良好的制度环境。同时，政府还应加大财政投入和技术支持，鼓励企业和社会组织开展资源再利用实践，推动资源再利用产业化、规模化发展。企业作为资源再利用的主要参与者，应积极践行绿色发展理念，加大资源回收和再利用技术的研发与应用，优化生产工艺和流程，提高资源综合利用水平。公众则应积极参与资源回收和再利用行动，养成节约资源、保护环境的良好习惯，为资源再利用营造良好的社会氛围。

从微观层面来看，资源再利用涉及工业、农业、服务业等多个领域，需要因地制宜、分类施策。在工业领域，应大力推广清洁生产和循环经济模式，加强工业固体废物、废水、废气等污染物的资源化利用，发展“城市矿产”和再制造产业。在农业领域，应积极发展生态农业和循环农业，推广秸秆还田、畜禽粪便资源化利用等技术，实现农业废弃物的资源化利用和农业生态系统的良性循环。在服务业领域，应大力发展绿色服务和生态服务，推广绿色餐饮、绿色酒店等环保服务模式，提高服务业资源利用效率。

资源再利用的关键在于技术创新和模式创新。一方面，要加强资源回收和再利用关键技术的研发与应用，突破资源高效利用的技术瓶颈。例如，在电子废弃物回收领域，应加强稀贵金属提取、塑料再生等关键技术的攻关，提高电子废弃物资源化利用水平。又如，在建筑垃圾资源化利用领域，应加强建筑垃圾分类、破碎、再生骨料制备等关键技术的研发，提高建筑垃圾资源化利用率。另一方面，要积极探索资源再利用的新模式和新业态，创新商业模式和运营机制。例如，在共享经济领域，可以探索共享单车、共享充电宝等资源共享模式，提高资源使用效率。又如，在废旧家电回收领域，可以创新“以旧换新”“租赁”等商业模式，增强消费者参与废旧家电回收的积极性。

（三）资源管理体系

资源管理体系是资源循环利用与管理不可或缺的重要组成部分。建立科学、高效的资源管理体系，对于推动资源的可持续利用，提升资源利用效率，实现经济社会与生态环境的协调发展具有重要意义。资源管理体系应立足资源的全生命周期，统筹考虑资源开发、利用、回收、再利用等各个环节，构建起完整的闭环管理链条。

首先，资源管理体系需要建立在深入调查和科学评估的基础之上。通过全面了解不同类型资源的分布状况、开发潜力、利用现状等，准确地把握资源禀赋特点，评估资源环境承载能力，才能因地制宜地制定资源管理策略。同时，还要充分考虑经济社会发展需求，权衡资源利用的经济效益、社会效益和生态效益，在满足人民日益增长的美好生活需要和维护生态文明之间寻求平衡。只有立足资源本底，统筹发展和保护，才能实现资源管理的科学化、精细化、规范化。

其次，完善的法律法规和标准规范是构建资源管理体系的重要保障。应加快建立健全与资源管理相关的法律体系，明确资源权属关系，规范资源开发利用行为，强化资源保护责任。同时，还要根据不同资源类型的特点，制定针对性的管理标准和技术规范，对资源勘探开采、加工利用、回收处置等各环节提出明确要求，为资源管理提供可操作的依据。法律法规和标准规范的完善，不仅能够约束资源开发利用主体的行为，规避资源浪费和环境破坏，更能营造公平有序的市场环境，激发市场主体参与资源循环利用的内生动力。

再次，先进适用的管理手段和技术方法是提升资源管理水平的关键支撑。应大力推广信息化、智能化的资源管理模式，运用大数据、物联网、人工智能等新兴技术，加强资源全生命周期各环节的动态监测和优化控制，实现资源流向的可视化、可追溯。通过开发资源管理信息系统，整合各类资源的调查、开发、利用、保护等数据，为资源管理决策提供科学支持。同时，还要加强资源管理领域的关键技术创新，突破资源高效开发、梯级利用、再生利用等瓶颈技术，提高资源利用效率和资源产出效益。先进技术与管理手段的应用，能够推动资源管理从粗放式向集约化转变，从被动式向主动式转变，不断开创资源管理的新局面。

最后，多元共治、多方参与是构建资源管理体系的内在要求。资源管理是一项系统工程，涉及政府、企业、社会组织、公众等多个利益相关方。应充分调动各方面的积极性，形成政府主导、企业主体、社会参与的多元化治理格局。一方面，政府要加强资源管理的统筹协调和监督管理，完善资源管理相关政策，为企业参与资源循环利用创造良好环境；另一方面，要发挥企业在资源开发利用中的主体作用，引导企业加强资源全过程管理，提高资源利用效率。同时，还要重视社会组织和公众的参与，充分利用环保组织、行业协会等第三方力量，加强资源管理的社会监督。多元主体的良性互动，能够形成推进资源循环利用的强大合力，推动资源管理体系不断优化升级。

四、环境友好型生产模式

（一）清洁生产技术

清洁生产技术是实现环境友好型生产模式的关键。它通过在生产过程中采用先进的工艺技术、设备和管理方法，最大限度地减少污染物的产生，实现资源利用效率的提升和污染物排放的降低。清洁生产技术的应用，不仅能够显著改善企业的环境绩效，更能带来明显的经济效益，实现环境效益与经济效益的双赢。

从工艺技术层面来看，清洁生产技术的应用主要体现在源头减量、过程控制和末端治理三个方面。源头减量是指在产品设计和原料选择阶段，优先考虑采用无毒无害或毒害性小的原料，通过减少有毒有害物质的使用量，从源头上减少污染物的产生。例如，在纺织印染行业，采用水性染料替代传统的含铬染料，不仅能够降低重金属污染物的排放，还能减少水资源的消耗。过程控制是指在生产过程中，通过工艺优化和设备改进等措施，提高资源利用效率，减少污染物的产生量。以造纸行业为例，采用废纸脱墨技术和闭式水循环系统，可以大幅降低废水排放量和能耗水平。末端治理虽然不能从根本上消除污染，但对于无法通过源头减量和过程控制完全解决的污染问题，末端治理仍然是必要的手段。清洁生产技术在末端治理中的应用，主要体现在采用高效、低耗、低排放的治理设施，提高污染物去除效率。

从设备层面来看，清洁生产技术的应用主要体现在设备的选型和改造两个方面。在新建项目中，应优先选用节能、节水、低污染的先进设备，从源头上控制污染物的产生。对于现有企业，通过对落后设备进行升级改造，提高设备的自动化和智能化水平，减少跑冒滴漏等导致的物料和能源浪费。同时，加强设备的日常维护和管理，确保其稳定、高效运行，也是控制污染物产生、提高资源利用效率的重要手段。

从管理层面来看，全面推行清洁生产审核是应用清洁生产技术的重要抓手。通过开展清洁生产审核，企业可以系统梳理生产过程中的物料流和能量流，识别其中的资源浪费和污染问题，并据此制定切实可行的节能减排和污染预防方案。在审核过程中，广泛吸收员工参与，充分调动员工的积极性和创造性，形成全员参与、持续改进的良性机制。审核结果应作为企业环境管理和技术改造的重要依据，纳入企业发展规划和年度计划之中。

（二）低碳生产模式

低碳生产模式是实现产业绿色转型升级的重要路径。在全球气候变化和资源环境约束日益加剧的背景下，发展低碳生产模式已成为各国共识。低碳生产模式强调在生产过程中最大限度地降低碳排放，提高资源利用效率，实现经济发展与环境保护的协调统一。

从技术层面来看，低碳生产模式的实现离不开清洁生产技术的应用和创新。清洁生产技术涵盖了生产全过程中的各个环节，包括原料选择、工艺优化、设备更新、资源回收利用等。通过采用先进的清洁生产技术，企业可以显著降低能源消耗和污染物排放，提高资源利用效率。例如，在钢铁行业，应用高炉煤气回收、干熄焦等技术，可以大幅降低二氧化碳排放；在化工行业，采用绿色催化剂、生物基原料等技术，可以减少有毒有害物质的使用和排放。这些技术创新不仅有利于企业降本增效，更是实现低碳生产的关键支撑。

从管理层面来看，低碳生产模式的推行需要企业转变经营理念，建立全员参与的低碳文化。企业应将低碳发展理念贯穿于生产经营的各个环节，制订低碳发展战略和行动计划，明确碳减排目标和路径。同时，企业还应加强对员工的低碳意识教育，鼓励全员参与低碳改善活动，形成人人重视节能减排的良好氛围。通过优化管理流程，加强过程监控，企业可以及时发现和解决生产中的能耗和排放问题，推动低碳生产模式的持续改进。

从政策层面来看，政府应加大对低碳生产模式的引导和支持力度。一方面，政府可以制定各行业的低碳生产标准和规范，为企业提供技术指导和标杆示范。另一方面，政府可以运用经济手段，如碳税、碳交易、绿色信贷等，激励企业加快低碳转型步伐。同时，政府还应加强低碳基础设施建设，完善低碳产业链条，为企业发展低碳生产创造良好的外部环境。

第二节　产业转型与经济结构升级的区域协调发展

一、区域产业结构优化路径

（一）产业结构调整策略

区域产业结构调整需要紧紧围绕经济结构优化升级的总体目标，坚持创新、协调、绿色、开放、共享的新发展理念，以供给侧结构性改革为主线，着力破除制约产业结构调整的体制机制障碍，推动形成有利于产业结构优化升级的制度环境。具体而言，应从以下几个方面入手。

1. 优化区域产业布局

立足区域资源禀赋和比较优势，科学谋划产业发展方向，着力构建特色鲜明、优势互补、分工合理的区域产业体系。引导产业向园区集中，推动产业链上下游企业和关联企业集聚发展，提高产业集中度和专业化水平。同时，还应加快建设一批国家新型工业化产业示范基地，打造若干世界级先进制造业集群，提高产业配套能力和产业链韧性。

2. 加快传统产业改造升级

坚持“巩固、增强、提升、畅通”八字方针，以智能制造为主攻方向，大力实施传统产业技术改造，推进产业数字化、网络化、智能化转型。针对钢铁、建材、化工、纺织、机械等传统制造业，加快淘汰落后产能，推广应用先进适用技术，提升产品品质和附加值，延伸产业链条，培育一批具有国际竞争力的行业龙头企业。统筹运用财税、金融、土地等政策，支持企业兼并重组和技术改造。

3. 大力发展战略性新兴产业

瞄准世界科技前沿和产业变革方向，加快培育发展新一代信息技术、高端装备、新材料、生物医药等战略性新兴产业，形成若干世界领先、引领未来发展的重大原创技术和产业。完善产业创新生态系统，实施产业基础再造工程和重大短板装备专项工程，加强关键核心技术攻关，在人工智能、量子信息、集成电路、生命健康、脑科学、生物育种、空天科技、深地深海等重点领域，组织实施一批具有前瞻性、战略性的国家重大科技项目。

4. 积极发展现代服务业

顺应服务经济发展趋势，加快服务业提质增效和结构优化升级，大力发展现代物流、信息服务、科技服务、金融服务等生产性服务业，推动生产性服务业向专业化和价值链高端延伸。支持企业利用互联网发展平台经济，培育新型服务模式。扩大优质服务供给，提高生活性服务业品质和水平。鼓励运用新技术、新业态改造提升商贸、住宿、餐饮、文化、旅游等传统服务业的经济及社会效益。

5. 优化区域创新资源配置

立足国家区域发展总体战略，建立健全区域创新合作机制，促进创新资源在区域间合理流动和优化配置。支持有条件的地区建设综合性国家科学中心，布局建设一批重大科技基础设施，在有基础的地区布局建设若干国家产业创新中心。加强区域人才合作，建立区域人才培养和柔性流动机制。推动京津冀、长三角、粤港澳大湾区等区域协同创新，打造若干具有全球影响力的创新资源集聚地。

（二）区域特色产业发展

区域特色产业的培育与发展是区域协调发展的重要内容，对于优化区域产业结构、提升区域经济竞争力具有重要意义。区域特色产业是指在特定区域内形成的、具有鲜明地域特征和比较优势的产业。这些产业往往依托当地独特的资源禀赋、人文历史、生态环境等，经过长期发展而形成，体现了区域的产业个性和发展特色。

1．深入挖掘区域资源优势

每一个区域都拥有自身独特的资源禀赋，如自然资源、人文资源、科技资源等。这些资源往往蕴藏着巨大的开发潜力，是区域经济发展的宝贵财富。因此，区域在制定产业发展战略时，必须立足资源优势，充分考虑本地区的资源特点和比较优势，因地制宜地选择和培育特色产业。只有立足当地实际，才能找准产业发展方向，实现特色化、差异化发展。

2．政策支持和引导

特色产业的培育和发展离不开政府的政策扶持。地方政府应根据区域发展规划和产业政策，加大对特色产业的支持力度，在财政、税收、金融、土地等方面给予优惠政策，为企业发展创造良好的外部环境。同时，政府还应发挥引导和协调作用，加强对特色产业的支持和管理，促进产业集聚发展，提升产业竞争力。在此基础上，有条件的地区还可以探索建立特色产业发展基金，引导社会资本投向特色产业，为产业发展提供持续的资金支持。

3．加强科技创新

当前，新一轮科技革命和产业变革正在深入发展，科技创新已经成为引领产业发展的第一动力。区域特色产业要实现可持续发展，必须紧跟时代步伐，加强科技创新，提高科技含量和附加值。一方面，要加大科技投入，建立健全产学研合作机制，鼓励高校、科研院所与企业开展技术联合攻关，突破关键核心技术，增强产业发展的原动力。另一方面，要大力引进和培养创新型人才，完善人才激励机制，为科技创新提供智力支撑。

4. 做大做强特色产业品牌

品牌是特色产业的核心竞争力所在，是产业持续发展的重要支撑。打造区域特色品牌，不仅能够提高产品附加值，扩大市场影响力，而且有利于推动产业转型升级，实现高质量发展。为此，区域要高度重视品牌建设，加强品牌管理和维护，提升品牌价值和美誉度。要充分利用现代信息技术，创新品牌营销模式，扩大品牌影响力。要加强质量监管，严把产品质量关，树立优质品牌形象。通过品牌建设，不断地巩固和提升特色产业的市场竞争力。

5. 着力构建特色产业集群

产业集群是指在特定区域内，众多关联企业和机构集聚发展而形成的产业组织形态。与单个企业相比，产业集群具有更强的综合竞争优势。通过构建特色产业集群，有利于发挥集聚效应和规模效应，推动产业链、创新链、资金链、政策链深度融合，促进产业向高端化、智能化、绿色化方向发展。区域应立足产业基础，找准集群发展定位，完善配套设施，优化发展环境，加快构建特色鲜明、竞争力强的现代产业集群。

6. 拓展区域合作

区域间产业合作有利于优势互补，促进资源共享，实现协同发展。区域应主动融入国家和区域发展战略，加强与周边地区的产业对接与合作，积极参与区域产业分工，争取区域重大项目和产业转移。同时，还要借助“一带一路”建设等重大机遇，加强与国内外产业合作，通过拓展海外市场，提升产业国际竞争力。通过区域合作，进一步拓展特色产业发展空间。

二、区域间产业协同与互补机制

（一）产业协同发展模式

区域产业协同发展是实现区域经济高质量发展的重要路径。它通过整合区域内各地区、各产业的优势资源，促进产业间的合作与互补，形成错位发展、互利共赢的产业格局。这不仅有利于提升区域整体的经济实力和竞争力，而且能够推动产业结构优化升级，培育新的经济增长点。

当前，我国区域经济发展呈现出差异化特征，各地区资源禀赋、产业基础、发展水平存在较大差距。在这种情况下，单一地区或产业很难实现自身的跨越式发展。因此，加强区域间产业协同，打破行政区划和产业界限的限制，实现优势互补和资源共享，已成为区域经济发展的必然选择。通过建立健全区域产业协同发展机制，可以促进生产要素在更大范围内优化配置，推动产业链、创新链、价值链深度融合，进而提高资源配置效率和使用效益。

区域产业协同发展可以采取多种模式。一是建立区域产业联盟。通过搭建产业协作平台，加强区域内企业、高校、科研院所等创新主体间的交流合作，促进技术、人才、信息等创新要素的流动共享，推动关键核心技术攻关和产业化应用。二是打造区域特色产业集群。立足区域资源禀赋和产业基础，发挥比较优势，重点发展特色优势产业，延伸产业链条，提升价值链优势，培育一批具有国际竞争力的产业集群。三是构建区域产业分工协作体系。发挥各地区比较优势，合理确定区域内产业分工，推动上下游产业、关联产业协作配套，形成产业链上下游一体化发展格局。四是加强区域基础设施互联互通。加快建设现代化基础设施体系，提升区域内交通、物流、信息等基础设施的衔接水平，营造产业协同发展的硬件环境。

（二）互补型产业链构建

区域产业链的构建需要立足区域资源禀赋和产业基础，发挥各地区的比较优势，推动区域间产业分工协作和优势互补。这不仅有利于提升区域产业链的完整性和关联性，增强区域经济韧性，而且有助于促进区域协调发展，从而缩小区域发展差距。

互补型产业链的构建应着眼于打造区域发展共同体。一方面，要充分考虑区域间资源要素禀赋差异和产业发展基础，科学规划区域产业布局和分工，鼓励各地区发挥自身优势，集中力量发展优势特色产业，形成各具特色、错位发展的区域产业格局。另一方面，要加强区域间产业链上下游衔接，推动产业链跨区域延伸和拓展，促进资源要素在区域间优化配置和高效流动，提升区域间产业协同水平。

同时，互补型产业链构建还应重视发挥龙头企业和重点项目的带动作用。区域间可通过引进和培育一批跨区域经营的龙头企业，发挥其在产业链关键环节的核心作用，带动关联产业发展，打造区域产业集群。此外，区域间还可通过共建一批产业链关键项目，促进产业链关键技术和核心环节布局，强化区域间产业链协同，带动产业链各环节协调发展。

产业链协同创新平台建设是推动区域间互补型产业链构建的重要支撑。区域间应整合科技、教育、产业等创新资源，推动科技资源开放共享，促进创新链与产业链深度融合。积极发展新型研发机构和产业技术创新联盟，建立跨区域产学研用协同创新网络，突破关键核心技术，优化提升产业链与供应链。同时，还应加强区域间高校院所、科研机构协同创新，共建共享重大科研基础设施，联合开展关键共性技术研发，进而提升产业基础能力和产业链水平。

制度机制创新是互补型产业链构建的重要保障。要加强区域间产业合作顶层设计，建立健全区域间产业合作机制，明确区域间产业分工定位，推动构建跨区域利益协调机制，完善利益共享机制和风险共担机制。同时，还要创新产业合作模式，鼓励龙头企业、科研院所、产业园区等通过共建产业链、供应链研发中心，开展产业链“链主”企业协同等方式深化合作。此外，还要建立区域产业协同发展评价机制，加强对区域产业分工协作成效的跟踪评估和动态监测，为优化区域产业布局、完善区域产业政策提供决策参考。

加快基础设施互联互通，提升区域产业链协同水平。区域间应加强基础设施规划统筹和建设管理，推进铁路、公路、航空、水运等基础设施互联互通，加快建设能源基础设施，推进重大信息基础设施共建共享，提高基础设施网络化、智慧化、绿色化水平。同时，还应加快建立现代物流运输体系，提升产业链与供应链效率。促进信息基础设施服务互联互通，提升数字化物流快速反应能力和精准配送能力，推动构建重大产业链与供应链风险预警和防控体系，服务区域间互补产业链之间的深度融合。

三、区域基础设施一体化发展

（一）交通网络建设

交通网络建设是区域协调发展和可持续发展的重要基础。高质量的交通基础设施不仅能够促进区域间的经济联系和要素流动，还有助于优化区域产业布局，推动产业升级和经济结构调整。从区域协调发展的视角来看，交通网络建设具有多重战略意义。

首先，完善的交通网络能够打破区域封闭状态，加强区域间的互联互通。通过公路、铁路、航空等多种运输方式的有机衔接，各区域能够实现高效便捷的人员往来和货物运输，促进生产要素在更大范围内优化配置。这不仅有利于发达地区的先进技术、管理经验向欠发达地区扩散，带动欠发达地区经济增长，也为欠发达地区的资源、劳动力等要素参与区域分工创造了条件，实现优势互补和协同发展。

其次，交通网络建设是引导产业合理布局、推动产业转移和升级的重要抓手。通过改善区位条件，交通基础设施建设能够提升区域投资吸引力，为产业发展创造良好的外部环境。一方面，交通便利化有助于产业向资源禀赋优势明显、要素成本相对较低的地区集聚，形成专业化分工和集聚效应；另一方面，发达的交通网络也为产业转移和升级提供了通道，引导高耗能、高污染产业向环境容量大的地区转移，推动发达地区加快产业结构调整和转型升级步伐。

再次，高效的综合交通运输体系是促进区域市场一体化的关键所在。交通基础设施的互联互通，能够显著降低区域间交易成本，扩大商品和服务的可达范围，推动形成统一开放、竞争有序的区域大市场。这不仅有利于优化资源配置效率，促进区域间产业分工和贸易往来，也为中小企业提供了更加广阔的发展空间，激发市场活力和创新动力。与此同时，区域市场一体化发展还将倒逼地方政府加强协调合作，破除地方保护主义，从而营造良好的营商环境，为区域经济高质量发展提供制度保障。

最后，交通网络建设在促进城乡融合发展、推进乡村振兴中也发挥着不可替代的作用。农村交通条件改善，不仅方便了农产品外运和工业品下乡，提高了农民收入水平，也为农村劳动力向城市转移、农村地区承接产业转移奠定了基础。交通基础设施将城乡联系成为一个有机整体，既促进了城市资金、技术等现代生产要素向农村流动，又为农村富余劳动力向城市转移创造了便利的条件，最终实现城乡之间人员、物资、资金等要素的双向流动和优化配置。

（二）信息基础设施升级

信息基础设施升级是区域协调发展和产业转型升级的重要支撑。随着信息技术的快速发展，大数据、云计算、人工智能等新一代信息技术日益融入经济社会发展的方方面面。这不仅深刻改变了人们的生产生活方式，也为区域协调发展和产业结构优化带来了新的机遇与挑战。在此背景下，加快信息基础设施升级，提升信息化水平，已成为推动区域经济高质量发展的关键举措。

信息基础设施是信息化发展的物质基础，主要包括通信网络、互联网、物联网等。其中，通信网络是信息传输的基本载体，互联网则是信息共享与交换的主要平台。近年来，我国信息基础设施建设取得显著进展，网络覆盖范围不断扩大，传输速率持续提升。然而，不同区域之间信息化水平差距仍然较大，部分偏远地区和农村地区的网络设施仍有待完善。这不仅制约了信息资源的有效流动，也影响了当地经济社会的协调发展。

因此，加快信息基础设施升级，是推动区域协调发展的迫切需要。一方面，要继续加大网络基础设施建设力度，扩大光纤网络和4G/5G网络的覆盖范围，提高网络带宽和传输速率，为各区域提供高质量、低成本的信息传输渠道。另一方面，要加强跨区域信息基础设施的互联互通，推进“东数西算”等重大工程建设，打破“信息孤岛”，促进数据在不同区域间的高效流动与协同应用。

（三）能源供应保障

区域能源供应保障是推动产业转型、经济结构升级的重要基础。随着我国经济社会的快速发展，各地区对能源的需求日益增长。然而，受资源禀赋、基础设施等因素制约，区域能源供应呈现出不均衡、不充分的特点。这不仅制约了区域经济的持续增长，也影响了产业转型和经济结构调整的进程。因此，加强区域能源供应保障，提高能源安全性和可及性，已经成为区域协调发展的重要议题。

1. 立足资源禀赋，优化能源供应结构

不同区域在煤炭、石油、天然气等化石能源储量和可开采量上存在较大差异。对于资源禀赋较好的地区，应充分利用当地能源优势，合理开发利用煤炭、石油等传统能源，为区域经济发展提供稳定的能源支撑。而对于能源资源相对匮乏的地区，则应着力优化能源供应结构，大力发展风能、太阳能、生物质能等可再生能源，减少对外部能源的依赖。同时，各地区还应根据自身条件，积极推进能源梯级利用，提高能源综合利用效率。通过多能互补、梯级利用等方式，不仅能够最大限度地发挥各类能源的比较优势，也有助于构建多元化、多层次的区域能源供应体系，保障区域能源安全。

2. 完善能源基础设施建设

能源输送、存储、分配等基础设施直接影响着能源供应的安全性、稳定性和经济性。目前，我国区域能源基础设施建设还存在着布局不合理、衔接不畅、管理不到位等问题，制约了区域间能源优势互补和协同发展。为此，各地区要立足自身发展需求，科学规划能源基础设施布局，加大电网、油气管网等重大项目建设力度。同时，还要加强区域间能源基础设施的互联互通，推进跨区域能源输送通道建设，促进区域间能源资源优化配置。此外，建立健全能源基础设施运营管理体系，提高设施利用效率和安全水平，也是保障区域能源供应的重要举措。只有不断地完善能源基础设施建设，才能为区域经济社会发展提供可靠的能源支撑。

3. 强化能源科技创新

能源科技水平直接决定着能源开发利用的效率和效益。近年来，我国能源科技创新取得了长足进步，一批先进适用技术得到广泛应用。然而，与世界先进水平相比，我国在能源高效利用、清洁开发等领域还存在一定差距。这就需要各地区加大能源科技创新投入，鼓励高校、科研院所、企业等开展协同攻关，着力突破深层油气勘探开发、煤炭清洁高效利用等关键核心技术。同时，还要加快先进能源技术的推广应用，发挥示范引领作用，带动区域能源产业转型升级。只有通过强化能源科技创新，不断提升能源资源的高效清洁利用水平，才能从源头上保障区域能源的持续稳定供应。

4. 建立区域能源合作机制

受行政区划、市场机制等因素影响，目前我国区域间能源合作还存在着体制机制不健全、合作深度不够等问题。这就需要从制度层面入手，建立健全区域间能源合作机制，为能源资源优化配置提供制度保障。一方面，要加强区域间能源发展规划、政策的协调对接，建立健全能源合作的体制机制，明确各方权责，形成合作共赢的长效机制。另一方面，要充分发挥市场在资源配置中的决定性作用，创新区域间能源交易机制，促进能源要素在更大范围内优化配置。此外，搭建区域能源合作平台，加强能源信息共享，开展能源技术交流，也是深化区域能源合作的重要举措。

第三节 产业转型与经济结构升级的资源优化配置

一、资源配置效率的提升路径

（一）资源整合策略

在经济新常态下，如何盘活存量资源，优化资源配置，推动产业升级和经济增长方式转变，已经成为地方政府和企业界共同关注的焦点。科学合理的资源整合策略，能够有效地破解当前经济发展面临的资源错配和低效利用问题，为产业转型升级提供强大动力。资源整合的核心在于实现资源优化配置，提高资源利用效率。这就要求我们立足区域发展实际，从全局和战略的高度统筹资源，制定系统性的资源整合方案。具体而言，资源整合策略应涵盖以下几个方面。

1. 加强顶层设计和规划引领

资源整合是一项复杂的系统工程，需要科学的规划和统筹。地方政府应当加强资源整合的顶层设计，研究制定资源整合的总体方案和实施路径，明确整合的目标、重点和保障措施。同时，要强化规划的引领和约束作用，把资源整合纳入区域发展总体规划，与产业发展、城乡建设、生态保护等规划相衔接，形成“多规合一”的资源整合大格局。只有在宏观层面统筹谋划，才能避免资源整合的盲目性和低效性，从而实现整合工作的系统推进。

2. 推动资源跨区域优化配置

打破行政区划和所有制的限制，实现资源在更大范围内的合理流动和优化配置，是提高资源利用效率的重要途径。要建立健全区域间资源整合的体制机制，加强区域合作，推动生产要素跨区域自由流动。鼓励优势资源向优势产业和重点地区集中，引导落后产能有序退出，实现产业链、创新链、价值链的区域协同。同时，还要发挥市场机制的决定性作用，完善资源有偿使用和生态补偿制度，促进资源在区域间合理配置和高效利用。

3. 促进不同类型资源的融合整合

土地、资本、技术、人才等不同类型的资源要素，在产业转型升级中发挥着不可或缺的作用。推进资源整合，必须立足要素属性，遵循资源配置规律，促进各类要素资源的有机融合、综合集成。比如，可以探索建立科技资源共享平台，推动科技成果转化和产业化应用；优化人才政策，完善人才发展机制，为产业发展集聚高端人才资源；创新投融资模式，拓宽企业融资渠道，为企业转型升级提供资金支持。不同资源要素的深度融合，能够产生“1＋1＞2”的聚合效应，成为驱动产业蝶变、经济转型的强大动力。

4. 坚持政府引导与市场主导相结合

资源整合是一个涉及多元主体的复杂过程，既需要政府的引导和推动，也离不开市场的力量。在资源整合中，政府要充分发挥规划引领、政策扶持、环境营造等方面的作用，加强资源整合的组织动员和统筹协调。比如，制定专项扶持政策，引导社会资本参与资源整合；加强产业布局和结构调整，推动落后产能淘汰和新兴产业培育；加大科技创新和人才培养力度，增强资源整合的内生动力。同时，也要尊重市场规律，发挥市场配置资源的决定性作用。通过完善产权制度、要素价格机制等，激发市场主体参与资源整合的内生动力和创造活力。

（二）资源利用率分析

资源利用率是衡量经济发展质量和效率的重要指标，对于推动产业转型和经济结构升级具有重要意义。在经济发展进程中，资源的合理配置和高效利用是实现可持续发展的关键。然而，我国在资源利用方面还存在诸多问题，如资源浪费现象严重、利用效率不高、结构性矛盾突出等，这些问题已经成为经济高质量发展的瓶颈。因此，深入分析资源利用率，探索提升资源利用效率的路径，对于破解资源约束，推动经济转型升级和高质量发展具有重要的现实意义。

资源利用率反映了一个国家或地区在生产过程中对各种资源的利用程度和效率。它不仅包括对自然资源如土地、水、矿产等的利用，还涉及对人力资源、资本等生产要素的配置效率。一个地区的资源利用率水平，从侧面反映了其经济发展的质量和潜力。资源利用率的高低，受到资源禀赋、产业结构、技术水平、管理制度等多重因素的影响。总体而言，发达国家和地区的资源利用率普遍高于发展中国家，这与其先进的生产技术、优化的产业结构密不可分。而发展中国家受限于技术水平和产业结构等因素，资源利用效率相对较低，资源浪费现象较为普遍。

提高资源利用率是一项复杂的系统工程，需要从制度、技术、产业等多个维度协同发力。首先，要加快建立健全资源管理制度，完善资源有偿使用和生态补偿机制，促进资源开发利用的市场化、法治化。通过价格杠杆调节资源配置，减少过度开发和浪费行为。其次，要大力推广先进节能环保技术，提高资源回收再利用水平。支持节能环保产业发展，加快淘汰落后产能，推动传统产业绿色化、低碳化改造。再次，优化产业结构是提升资源利用效率的治本之策。要着力发展高技术、低消耗、高附加值产业，促进产业向中高端迈进。通过发展服务经济、数字经济等新经济业态，构建资源消耗低、环境影响小的现代产业体系。最后，加大科技创新投入，以科技进步破解资源瓶颈制约，提高资源利用效率和清洁生产水平。

此外，节约集约利用资源，构建资源循环利用体系也是提高资源利用率的重要途径。要大力发展循环经济，推进资源全生命周期管理，提高资源综合利用水平。在生产领域，推行清洁生产，提高原料利用效率，最大限度地减少废弃物产生。在消费领域，培育绿色消费理念，减少铺张浪费，营造全社会节约资源的浓厚氛围。在废弃物处理方面，加强废弃物收集、分类和再生利用，把废弃物转化为可再生资源，实现废弃物资源化、无害化处置。通过源头减量化、过程再利用、末端资源化等手段，最大限度地提高资源利用效率，进而实现资源的永续利用。

（三）资源分配优化方法

资源分配优化是提升资源配置效率的关键。在产业转型和经济结构升级的过程中，科学合理地配置有限资源，最大限度地发挥资源的效用，对于推动经济高质量发展具有重要意义。资源分配优化的核心在于找到资源在不同领域、不同主体间配置的最佳比例和组合方式，实现资源利用的效益最大化。

从宏观层面来看，资源分配优化需要遵循市场规律和经济发展规律，根据不同行业、不同地区的比较优势合理配置资源。这就要求政府在制定产业政策、区域发展规划时，要充分考虑资源禀赋、技术水平、市场需求等因素，引导资源向具有比较优势和发展潜力的领域流动。同时，还要注重不同产业间的协调发展，避免出现资源过度集中或闲置浪费的现象。例如，在推动新兴产业发展的同时，也要合理地保障传统产业的资源需求，促进产业结构的优化升级。

从微观层面来看，资源分配优化要求企业根据自身条件和市场环境，合理配置人力、物力、财力等生产要素，提高要素综合利用效率。这就需要企业建立科学的资源管理体系，运用现代管理技术和手段，对资源的配置进行动态优化和调整。例如，企业可以通过引进先进设备、优化生产工艺、加强员工培训等方式，提高资源利用效率；通过优化供应链管理、加强与上下游企业的协作，降低资源损耗和交易成本；通过开发新产品、拓展新市场，盘活闲置资源，实现资源的高效利用。

资源分配优化还要注重发挥市场机制的决定性作用，更好地发挥政府的宏观调控作用。一方面，要进一步完善市场体系，培育和发展各类市场主体，激发市场活力和创造力。要建立健全市场监管制度，维护市场秩序，营造公平竞争的市场环境。另一方面，政府要加强顶层设计，完善产业政策和区域政策，加大对关键领域和薄弱环节的支持力度。同时，政府还要加强对资源价格、税收、信贷等经济杠杆的运用，引导社会资源向优势产业和重点领域集中。

二、资源配置的市场机制优化

（一）价格信号作用

价格作为市场机制中的重要信号，在资源配置中发挥着至关重要的作用。供需双方通过价格这一纽带进行博弈，最终实现资源的优化配置。价格信号既体现了资源的稀缺程度，也反映了市场主体的偏好和需求。当某种资源相对稀缺时，其价格就会上升，这一信号会促使市场主体减少对该资源的消费，转而寻求替代品或提高资源的利用效率。反之，当某种资源相对过剩时，其价格就会下降，刺激市场主体增加消费或开拓新的需求领域。

在产业转型和经济结构升级过程中，价格信号对引导资源流向具有重要意义。高效益、高附加值的产业部门，其产品和服务往往具有较高的市场价格，能够获得丰厚的利润回报。这一价格信号会吸引更多的资本、技术、人才等生产要素流入这些产业，推动其做大做强。而那些低效益、低附加值的落后产能，由于缺乏市场竞争力，产品价格低，利润空间小，会逐渐被市场淘汰，资源也会逐步外流。这一过程有利于实现经济结构的优化升级和资源配置效率的提高。

然而，价格信号的有效发挥需要以市场化改革为前提。在传统的计划经济体制下，价格往往由政府主导制定，难以准确反映市场供求关系，导致资源错配和浪费。因此，必须坚定不移地推进市场化改革，让市场在资源配置中起决定性作用。通过价格改革，取消对绝大多数商品和服务价格的管控，使价格能够自发地、灵活地反映市场供需状况的变化。同时，还要完善市场监管机制，规范市场价格行为，防止垄断、暴利等扭曲价格信号的问题出现。

此外，价格信号对于引导企业加强技术创新、提高生产效率也具有重要的激励作用。面对日趋激烈的市场竞争环境，企业要生存发展，就必须不断改进工艺、创新产品，通过质量和性价比占据市场制高点。而价格竞争则倒逼企业节约成本、提高劳动生产率，淘汰落后的工艺设备，这无疑会促进企业加大研发投入、引进先进技术，从而推动产业转型升级和生产效率的提高。

（二）市场竞争环境

市场竞争环境是影响资源优化配置的重要因素，它通过市场主体行为、市场结构特征等方面，对资源流动方向和效率产生深远影响。一个充满活力、公平有序的市场竞争环境，能够激励市场主体提高资源利用效率，优化资源配置，推动产业转型升级和经济高质量发展。相反，市场竞争秩序混乱、市场主体行为扭曲，则会导致资源错配和浪费，阻碍经济转型和可持续发展。

1. 完善产权制度

完善产权制度是营造良好市场竞争环境的基础。明晰的产权界定和有效的产权保护，是市场主体平等参与竞争的前提条件。只有产权关系明确，市场主体才能放心投资，享有投资收益，并承担相应的市场风险。这不仅有利于调动市场主体的积极性和创造性，提高资源配置效率，也有利于形成公平竞争的市场秩序，促进资源在不同所有制、不同区域、不同产业部门之间的自由流动。政府应进一步深化产权制度改革，健全归属清晰、权责明确、保护严格、流转顺畅的现代产权制度，为市场竞争创造良好的制度环境。

2. 强化市场监管

强化市场监管是维护公平竞争的关键举措。市场失灵和不正当竞争行为，是导致资源错配的重要原因。为此，政府应进一步加强市场监管，严厉查处垄断协议、滥用市场支配地位、经营者集中等垄断行为，维护市场竞争秩序。同时，要加大反不正当竞争执法力度，禁止虚假宣传、商业诋毁、侵犯商业秘密等扰乱市场的不正当竞争行为，营造规范有序的市场环境。此外，要完善社会信用体系建设，加强失信惩戒，倒逼市场主体诚信守法经营。只有市场主体各归其位、平等竞争，资源配置的市场化程度才能不断提高。

3. 优化产业政策

优化产业政策对于引导资源配置、培育市场竞争新优势至关重要。传统的产业政策往往以扶持特定行业和企业为主，容易导致资源错配和效率低下。为此，产业政策应从“扶优限劣”转向“透明、普惠、功能性”，进而营造平等竞争、优胜劣汰的市场生态。一方面，要深化“放管服”改革，持续优化营商环境，为各类市场主体投资兴业提供政策支持与便利条件，激发市场主体活力。另一方面，要发挥财政、金融、土地等政策的杠杆作用，引导资源向战略性新兴产业、现代服务业等领域集聚，加快新旧动能转换，塑造经济发展新优势。同时，要完善创新资源配置政策，大力培育发展新技术、新产业、新业态、新模式，推动产业迈向中高端，培育经济增长新动能。

4. 加快要素市场化配置改革

加快要素市场化配置改革是优化资源配置的重要抓手。土地、资本、技术、数据等生产要素是推动经济发展的基础性资源。目前，这些要素在市场配置中仍存在诸多体制机制障碍，影响资源优化配置效率。要素市场化配置改革旨在破除资源配置的体制机制障碍，充分发挥市场在资源配置中的决定性作用，提高资源利用效率。为此，要加快培育数据要素市场，推进政府数据开放共享，提升社会数据资源价值，加速数字经济发展。深化公共资源交易平台整合，完善国有产权、自然资源资产等的交易制度，推动各类生产要素有序流动和优化配置。同时，还要建立健全统一规范的人力资源市场体系，促进劳动力在地区、行业、企业之间自由流动，提高劳动者职业技能，推动人力资源的合理配置。

三、资源配置的技术进步与效率提升

（一）技术应用推广

技术应用推广是资源配置效率提升的重要路径，对于产业转型和经济结构升级具有重要意义。在当前经济发展和社会进步的大背景下，充分发挥技术进步的引领作用，加速先进适用技术的推广应用，已经成为各行各业的共识和努力方向。

1. 系统梳理技术应用推广的内在机理

技术应用推广是一个复杂的系统工程，涉及技术、经济、社会等多个维度。其中，技术因素是核心驱动力，经济因素是重要推手，社会因素则是关键影响变量。只有深入分析技术应用推广的作用机制，准确把握各因素之间的相互作用关系，才能在宏观层面优化资源配置，在微观层面引导企业行为，从而最大限度地发挥技术进步的效益。因此，有必要从理论和实践两个层面系统梳理技术应用推广的内在逻辑，为制定科学的政策措施提供依据。

2. 完善配套政策体系

技术应用推广是一项系统工程，涉及面广、链条长，仅靠市场力量难以实现预期目标。为此，政府部门应该制定完善的配套政策，为技术应用推广创造良好的制度环境。一方面，要加大财政资金投入，通过设立专项资金，支持关键技术研发和示范应用；另一方面，要完善法律法规，加强知识产权保护，维护创新主体的合法权益。同时，还要建立健全标准体系，加强质量监管，促进技术应用规范有序。只有形成政策合力，才能为技术应用推广扫清障碍、铺平道路。

3. 搭建产学研用协同创新平台

技术应用推广涉及产、学、研、用等多个环节，因此需要充分调动各方面的积极性。搭建协同创新平台，建立利益共享、风险共担的合作机制，是破解这一难题的有效途径。通过协同创新平台，既可以促进科研机构、高等院校与企业之间的高效对接，实现技术供需的精准匹配；又可以整合各方优势资源，开展关键核心技术攻关；还可以开展技术示范应用，提升成果转化效率。协同创新平台的搭建，为技术应用推广提供了广阔的舞台，有利于加速科技成果向现实生产力的转化。

4. 加强人才队伍建设

技术应用推广是一项专业性很强的工作，对从业人员的知识结构、能力素质均提出了较高要求。因此，必须加强技术推广人才队伍建设，提升人才队伍的整体素质。一要建立健全人才培养体系，依托高校、科研院所等机构部门，有针对性地开展人才培养；二要完善人才评价机制，建立多元化的评价标准，调动人才队伍的积极性；三要优化人才激励机制，在薪酬待遇、职业发展等方面提供必要保障，稳定人才队伍。技术推广人才队伍素质的提升，将为资源配置效率的提高注入不竭动力。

（二）生产工艺改进

生产工艺的改进是推动资源配置优化、提升资源利用效率的关键因素之一。随着科学技术的不断进步，生产工艺创新已经成为现代工业发展的重要驱动力。生产工艺的改进不仅能够显著提高资源利用率，减少资源浪费，还能够有效降低生产成本，增强企业市场竞争力。因此，在产业转型和经济结构升级的背景下，深入研究生产工艺改进的路径和策略，对于实现资源的优化配置具有重要意义。

1. 系统优化生产流程

系统优化生产流程是提升资源利用效率的重要途径。传统的生产模式往往存在工序冗余、流程不合理等问题，导致资源配置效率低、浪费现象严重。而通过对生产流程进行系统分析和优化设计，可以最大限度地减少不必要的中间环节，缩短生产周期，提高资源利用率。例如，通过引入精益生产理念，运用价值流分析、拉式生产等方法，可以实现生产流程的扁平化和柔性化，使资源在各个工序之间高效流转，避免出现瓶颈和积压。同时，优化后的生产流程还能够快速响应市场需求与变化，灵活调整产品结构和产量，从而在动态环境中实现资源的最优配置。

2. 大力推广清洁生产技术

大力推广清洁生产技术是降低资源消耗强度的有效手段。传统的生产工艺往往伴随高能耗、高污染、高排放等问题，不仅造成了资源的巨大浪费，也给生态环境带来了沉重负担。而清洁生产技术则是在保证产品质量和产量的前提下，最大限度地减少资源消耗和污染物排放，实现经济效益与环境效益的协同提升。例如，在钢铁冶炼领域，通过应用焦炉煤气回收、高炉煤气循环利用等技术，可以大幅降低能源消耗强度，减少二氧化碳等温室气体排放。又如，在石油化工行业，通过采用新型催化剂和反应设备，优化工艺参数，不仅能够提高原料转化率和产品收率，还能够显著降低“三废”排放量，实现资源利用和环境保护的双赢。

3. 积极开发绿色制造工艺

积极开发绿色制造工艺是实现资源永续利用的必由之路。传统的“大量生产、大量消费、大量废弃”的发展模式已经难以为继，必须转向资源节约型和环境友好型的绿色制造之路。绿色制造工艺是在产品全生命周期内最大限度地降低资源消耗和环境影响，追求资源利用效率和生态效益的最大化。例如，通过建立产品生态设计平台，在产品设计阶段就充分考虑原材料选择、生产工艺、使用维护、回收处理等各个环节对资源和环境的影响，从源头上实现资源的高效利用和循环利用。又如，大力发展基于工业互联网和大数据分析的智能制造系统，利用实时数据对生产过程进行动态优化控制，减少加工损耗和能源消耗，提高生产效率和产品良品率，最终实现制造业与资源环境的和谐共生。

4. 持续加强生产工艺创新

持续加强生产工艺创新对于推动产业转型升级、构建资源节约型和环境友好型经济具有重要战略意义。一方面，生产工艺的改进能够从根本上提升资源利用效率，破解资源约束趋紧的瓶颈制约，为经济社会可持续发展提供坚实的资源保障。另一方面，先进适用的生产工艺也是引领产业变革、抢占发展制高点的关键所在。当前，新一轮科技革命和产业变革正在孕育兴起，以智能制造、绿色制造为代表的新型生产方式正在加速崛起。只有立足自主创新，加快生产工艺的迭代升级，才能在新一轮产业竞争中赢得主动、赢得优势、赢得未来。

（三）技术培训与教育

技术培训与教育是推动资源配置效率提升、促进技术进步的重要途径。在产业转型与经济结构升级的进程中，技术人才的培养和技术水平的提高对于实现资源的优化配置具有关键意义。通过系统的技术培训和教育，可以全面提升从业人员的专业知识和实践技能，使其更好地掌握先进的生产技术和管理方法，从而在生产实践中不断提高资源利用效率，推动产业升级和经济发展。

具体而言，技术培训与教育可以从以下方面促进资源配置效率的提升。

首先，技术培训能够帮助员工快速掌握新技术、新工艺，缩短新技术推广应用的周期。通过有针对性的培训，员工可以尽快熟悉并应用先进的生产设备和操作流程，减少试错成本，提高生产效率。这对于加快新技术的转化和推广，促进产业升级具有重要意义。

其次，技术教育可以培养高素质的技术人才，为企业发展提供智力支持。通过系统的理论学习和实践训练，技术人才能够掌握扎实的专业知识和娴熟的操作技能，具备独立分析和解决问题的能力。这些高素质人才不仅能够在生产一线发挥技术优势，提高资源利用效率，还能够参与技术研发和创新，为企业的可持续发展提供源源不断的动力。

再次，技术培训与教育有助于促进不同部门、不同岗位之间的技术交流和知识共享。通过组织跨部门、跨领域的技术培训和研讨，可以打破信息壁垒，促进不同专业人员之间的沟通和协作。这不仅有利于优化内部资源配置，提高协同效率，还能够激发团队的创新思维，催生出更多的技术创新成果。

最后，持续的技术培训与教育是提升企业核心竞争力的必由之路。在当前瞬息万变的市场环境下，只有不断地更新知识，掌握前沿技术，才能保持企业的竞争优势。通过常态化的培训和教育，企业可以持续提升员工的业务能力和创新意识，建立学习型组织文化，增强企业的市场应变能力和可持续发展能力。这对于企业在激烈的市场竞争中脱颖而出，实现转型升级至关重要。

参考文献

［1］解静．农业产业转型与农村经济结构升级路径研究［M］．北京：北京工业大学出版社．2020．

［2］夏秋．制造业服务化与产业结构升级［M］．北京：企业管理出版社．2022．

［3］李广瑜，史占中．新产业革命背景下我国产业转型升级研究［M］．上海：上海交通大学出版社．2023．

［4］鄢小兵．数字经济下中国产业转型升级研究［M］．长春：吉林出版集团股份有限公司．2021．

［5］谭亮，林勇．金融资本促进产业结构转型升级的理论与实践［M］．成都：四川大学出版社．2020．

［6］王建军．生态文明视阈下青海省产业转型升级研究［M］．北京：中国经济出版社．2022．

［7］朱东波．绿色经济视域下中国工业结构转型［M］．厦门：厦门大学出版社．2021．

［8］李慧．资源型产业转型与可持续发展路径研究［M］．太原：山西人民出版社．2022．

［9］韩永全，杨琳，乔新蓉．经济结构发展与经济法新趋势探索［M］．长春：吉林人民出版社．2019．

［10］艾磊华．数字经济发展对居民消费结构升级的影响研究［M］．长春：吉林出版集团股份有限公司．2022．

［11］胡立君．经济发展不平衡与产业结构调整升级研究［M］．武汉：湖北人民出版社．2020．

［12］陈雁云．区域环境规制对产业结构升级的影响研究［M］．南昌：江西人民出版社．2023．

［13］王腊芳．质量创新与产业结构升级研究［M］．长沙：湖南大学出版社．2023．

［14］刘希章．中国民间投资的产业结构升级效应研究［M］．北京：中国经济出版社．2020．